わが人生 21

◉日蓮宗妙蓮寺住職
山本玄征

山ちゃまのわが人生上々なり

神奈川新聞社

ボジョレヌーボーで幸せいっぱい＝2012年10月

土屋夫妻と沖縄旅行＝2013年12月

イズミ産業の山泉貴郎社長、土屋夫妻と沖縄へ＝2015年10月

これも沖縄

丸の内で＝2016年7月

またまた山泉貴郎社長、土屋夫妻と沖縄へ＝2016年10月

イズミ産業先代社長の法事で＝2017年3月

私の誕生会＝2018年10月

サーキット仲間と＝2019年6月

お盆には檀家さんからスイカをいただきます＝2019年8月

橘の秋山房子さん（中央）の長男・龍一さんの結婚式で＝2020年1月

目次

神奈川新聞「わが人生」欄に2021（令和3）年3月1日から5月31日まで、63回にわたって連載されたものに加筆・修正しました。

わが人生

自然と一体になって

横浜市港北区、東急東横線の妙蓮寺駅を出ると、朱塗りの山門が出迎えてくれます。「駅前に寺がある」というより、そもそも寺の境内を鉄道が走ったのです。日蓮宗大本山・池上本門寺（東京都大田区）の末寺である妙蓮寺の歴史は、今のJRとも深く関わっています。

朱塗りの山門は、本門寺の山門を模して造られました。古来、お寺は山と関係が深く、多くのお寺が山号《さんごう》を持ちます。妙蓮寺の山号は長光山。末永く光り輝くお寺でありたいという願いが込められています。

本堂におまつりする日蓮聖人のご本尊像は14世紀のもので、池上本門寺2祖・日朗上人のお弟子さんであった日像上人の作。２０２１年は開祖・日蓮聖人の生誕８００年に当たります。

お寺の朝は早い。妙蓮寺駅の始発電車は上りが午前5時12分、下りが5時11分。通勤の途次、本堂に手を合わせる方がいらっしゃいますので私は4時に起床、4時半に本堂に通じる門を開けます。18歳の時から雨の日も風の日も、そうしてきました。休んだのは、病気で伏せった時くらいです。

日蓮宗寺院の門前町というと、映画「男はつらいよ」で知られる東京・葛飾区の柴又帝釈天（題経寺）が有名ですが、妙蓮寺周辺も鉄道とともに発展した門前町といえましょうか。地元商店街と消防団のご協力を得て、境内で朝顔市、菊花展、盆踊り、縁日、ラジオ体操などをやってきました。

妙蓮寺のシンボル、朱塗りの山門前で

妙蓮寺は1981年に斎場を設けました。宗派に関係なく誰でも使える斎場というのはまだ一般的ではなく、自慢をさせていただければ、時代に先駆けた着想でした。現在は三つの斎場があり、一般の方はもちろん政・財界人や芸能人に使っていただき、最近では落語家の桂歌丸師匠の葬儀が執り行われました。寺の格式、駅から近い便利さ、緑の多い境内などが評価されてのことだろうと思います。

映画のロケに使われることも多く、「3月のライオン」や「麒麟《きりん》の翼」などの撮影が行われました。テレビドラマは、もっと頻度が高いですね。

私は便利さの追求ばかりではいけない、と考えます。法事でも自然との一体感を大切にしたい。以前、駅から本堂までの道を屋根で覆う計画が浮上しました。参列者が雨にぬれないで済む、というのです。私は反対しました。「あのお葬式は、雨で大変だったね」「風が強くて、本堂裏の竹林がビュービュー鳴っていたっけ」。そんな思い出と故人がつながっていた方がいいのではないか、と思うのです。

鉄道と縁が深いお寺

妙蓮寺の歴史をひもとくと、不思議に鉄道と縁が深いことに気づきます。

妙蓮寺の前身は、妙仙寺といいました。鎌倉時代が終わり、室町・南北朝時代の1350年、現在の横浜市神奈川区（京浜急行の仲木戸駅＝2020年に京急東神奈川駅に改称＝付近）に開山した古い寺です。

当時、日蓮宗の池上本門寺（現在の東京都大田区）の大檀家《だんか》だった波木井《はきい》一族に連なる波木井善太郎は、日蓮聖人を深く信仰し、本門寺3祖・日輪上人の熱心な信者でもありました。生麦に住む善太郎は、鎌倉に住んでいた日輪上人が池上本門寺に詣でる際の往還の宿にするために草庵《そうあん》を造りました。後に日輪上人に請うて開山とし、その庵《いおり》を妙仙寺としたのです。

歳月が流れて20世紀。1908年にのっぴきならない事態が起きました。横浜鉄道(現・JR横浜線)の支線が敷設されることになり、妙仙寺はよそに移ることを余儀なくされたのです。当時、鉄道路線の拡大は国家的な要請であり、事業でした。

妙蓮寺駅前の風景。寺と東急東横線は一体だ

さて、どこに移るか。寺と檀家の間でさまざまな議論があり、その結果、当時の妙仙寺の41世住職・日體《にったい》上人は、移転先に現在地を選びました。その時、そこには蓮光寺がありました。蓮光寺は戦国の世(1580年頃)に創設された池上本門寺の末寺ですが、檀家が少なく、不便な土地ということもあって維持が困難な状況でした。

話し合いの末に、妙仙寺と蓮光寺は合併しました。新しい寺の名前は両寺から1文字ずつ取って妙蓮寺。日體上人が妙蓮寺の1世住職になりました。1908年8月8日のことです。

ところが、26年、大正時代最後の年に再び鉄道問題が浮上しました。東京横浜電鉄（現在の東急東横線）が路線拡充のために、妙蓮寺の境内に鉄路を敷きたいというのです。当時の住職は2世・日偉上人、私の祖父です。東京横浜電鉄の責任者は、後に東急グループの総帥になる五島慶太さん。五島さんは鉄道院（後の鉄道省）の高級官僚でしたが、阪急電鉄の創業者として知られた小林一三氏に請われて20年に鉄道の世界に転身していたのです。

五島さんと私のおじいちゃん、いや日偉上人は鉄路問題を話し合ううちに碁を通して懇意になり、親交を深めました。日偉上人は、五島さんの申し出を快諾しました。妙蓮寺の境内を無償で提供し、五島さんは感謝を込めて妙蓮寺駅を作ったそうです。五島さんの悲願と言われた東横線・渋谷―桜木町間は32年に全線開通しました。

毎朝、妙蓮寺駅を発着する始発電車の音が聞こえます。それを聞くと、私は、ふと五島さんと祖父の心意気を思うのです。

日體上人は独身でしたので、一番弟子が妙蓮寺2世・日偉上人になりました。以後の住職は世襲で、日偉上人の子（私の父）が3世・日仙上人、私は4世・日英という流れになります。

檀家だけに頼らない

妙蓮寺の敷地面積は、およそ3千坪、1ヘクタールほどあります。朱塗りの山門をくぐり、境内に入ると左手に石塔が目につきます。妙蓮寺の母体になった妙仙寺と蓮光寺の合併（1908年）を記念して建立されたものです。本堂北脇の小鐘は江戸中期の1735年の作、蓮光寺時代のものです。大みそかには除夜の鐘を突く人の列ができますが、残念ながら新型コロナウイルス感染拡大のため、2020年の除夜の鐘は取りやめました。

墓域にあるお墓は約500基。中には妙仙寺開山に深く関わった波木井家の墓碑や、新井新田（保土ケ谷区）の開拓に尽くした新井忠兵衛らの墓があります。

本堂右手から境内周辺に新緑や紅葉など四季の移ろいを味わえる庭園を設け、本堂裏手には落差4メートルの滝も。昔の地名にちなんで「菊池《くくち》の滝」と名付けられています。夕焼けの菊名の街を見下ろす景色は情緒豊かで、遠く武相高校から運動部員の元気な声や球音が聞こえてきます。

従来の寺院は、檀家制度で守られてきました。妙蓮寺には墓の数と同じだけ、約500の檀家さんがいらっしゃいますが、私はかねて檀家さんに頼る運営に危機感を抱いていました。核家族化が進み、このままでは檀家制度は先細りになる。なるべく檀家さんに負担をかけない、寺が自立する道を探らなくては…。

昔、葬儀は当事者の家で行っていました。なおらいの席でのお酒や料理のふるまいなどは、ご近所の女性たちが引き受けてくれました。しかし、時代は変わりました。核家族になり、団地やマンション住まいが増え、自宅での葬儀は難しくなりました。近所付き合いも希薄になりました。しかし、いつの世でも葬儀はなくなりません。

私はお寺に斎場を設けることを考えました。これからは自宅ではなく、誰もが使える斎場での葬儀が主流になると読んだのです。公営の斎場はありますが、絶対数が足りません。１９８１年、最初の妙蓮寺斎場を開設しました。横浜初、全国的にも早い取り組みだったと自負しています。

読みは当たりました。斎場の利用者は徐々に増え、やがて1週間待たないと使えないような状況になりました。ある葬儀のとき、遺族の女性が私にお礼を言いました。「ご近所

本堂前で

の手を煩わせることなく葬儀ができて助かった」とおっしゃるのです。私は胸をなでおろしました。

現在、妙蓮寺に斎場は三つ。大きさが異なり、参列者の人数によって使い分けています。年間の使用件数は合わせて200~300件あり、県内トップ。寺院が運営する斎場としては、全国でもトップクラスです。斎場は、寺の自立に向けて大きな役割を果たしています。交通の便や自然豊かな環境、設備の充実など成功の要因はいくつか考えられますが、何よりも妙蓮寺のステータスがベースにあるのではないでしょうか。誠にありがたいことです。

日蓮生誕800年の年に

妙蓮寺を語るのに、日蓮宗の話をしないわけにはいきません。ことは宗教、仏教ですから、どうしても「楽しく語る」訳にはいきませんが…。

仏教は紀元前5世紀ごろに仏陀《ぶっだ》（釈迦《しゃか》）が説いた教えです。4月8日は「花祭り」と呼ばれていますが、お釈迦様の誕生日です。「釈迦に説法」ということわざは、今でも生きていますよね。

人間は生まれ、老い、病にかかり、最期を迎える。いわゆる生老病死です。その間の現世の苦悩や迷いを取りのぞき、悟りを開いて仏陀になる（成仏する）ことを目指すのが仏教です。仏陀の教えとその解釈を巡って、古来、さまざまな教派が生まれました。古代日本では、仏教は国家と結びついて発展しました。ですから、僧侶たちは、国家の安泰を祈願することを第一にしていました。

その在り方を変え、地方武士や庶民（農民や商工業者）ら個人をも救済の対象としたのが、鎌倉時代に勃興した鎌倉仏教です。後に民衆仏教とも言われ、日蓮聖人を開祖とする日蓮宗はその一宗派でした。法華経を唯一のよりどころとして、「南無妙法蓮華経」という題目の７文字に全ての功徳が込められていると説きました。

日蓮聖人は１２２２年2月16日、安房国長狭郡東条郷小湊（現在の千葉県鴨川市小湊）の漁師の子として生まれました。当時は生まれた時に1歳と数えていましたので、２０２１年は生誕８００年に当たります。その記念すべき年に、日蓮宗大本山・池上本門寺の末寺である妙蓮寺の4世住職である私が、神奈川新聞に「わが人生」をつづることになったのも何かの縁でしょうか。

日蓮聖人は12歳の時に安房国の天台宗・清澄寺に預けられ、16歳で出家。鎌倉や京都の延暦寺、奈良などで修行したと伝えられています。１２５３年、清澄寺に戻って「南無妙法蓮華経」の題目を初めて唱え、名を日蓮と改めました。

　読者の皆さんは歴史の教科書で、鎌倉時代の蒙古襲来（文永の役、弘安の役）や鎌倉幕府の8代執権・北条時宗と日蓮聖人、あるいは「立正安国論」という言葉を学んだ記憶はありませんか。

　「立正安国論」は日蓮聖人が「文永の役」が起こる14年前の1260年、5代執権・北条時頼に提出した著書で、国を治める要諦を説いたものです。そこで、多発する天変地異に対処するためには「正法」である法華経を立てる（＝広める、立正）ことが必要であり、それによって国家と国民は安泰になる（安国）と主張しました。

日蓮聖人生誕800年のポスター

　ここで私事を挟みますが、私は横浜市立港北小学校を卒業して立正大学付属中学・高校を経て、同大学に学びました。現在は八つの学部を有する総合大学ですが、源は１５８０年に創設された日蓮宗僧侶のための教育機関です。立正大学の立正は「立正安国論」の立正なのです。

僧侶にも赤紙が来た

私は１９４４年6月16日、横浜市港北区菊名の妙蓮寺で長男として生まれ、征太と名付けられました。父・山本玄英は妙蓮寺３世・日仙上人で、１９１０年生まれ。いわゆる明治の男ですが、母シヅは12年、大正元年の生まれです。私には5歳上の姉・英子がいて、戦後の49年に弟の進二が生まれます。

私が生まれたのは昭和でいえば19年。7月にはサイパン島の日本軍守備隊が玉砕し、東条内閣が総辞職しました。太平洋戦争の敗色が、いよいよ濃くなっていました。

私が生まれた時、父は出征していました。征太の征は「出征」「征服」の征です。当時の男子には、戦時につながる名前が多かったのです。例えば満州男《ますお》、勝利《かつとし》、紘一《こういち》。満州男は満州（中国東北部の旧称、日本が傀儡《かいらい》国家「満州国」をつくった）、紘一は軍国日本が掲げたスローガン「八紘一宇《はっこういちう》」からの命名です。

父について「僧侶も戦争に行ったのか」と疑問を抱く読者がいらっしゃるかもしれませ

ん。少し説明しましょう。

赤紙と呼ばれた召集令状は僧侶にも来ました。当時は国民皆兵。男は20歳になると兵隊検査を受け、合格した者はそのまま入営するか、後に召集されました。

赤紙（臨時召集令状）の見本。現物をもとに一部手を加えて複製している。神奈川県母親大会連絡会の2019年のちらしから

調べてみると、「従軍僧」として戦場での戦死者の埋葬や慰霊祭などを仕切った僧侶がいました。この場合は軍人ではなく、軍属という扱いだったようですが、一方で、銃を取って前線で戦い、戦死した僧侶もいたようです。父がどちらであったのか、実はこれまで気にしたことはありませんでした。

戦後、幸いにも父は生還しました。多くの軍隊経験者がそうであったように、父は戦争について語りませんでした。ただ、妙蓮寺で開かれた戦友との集まりで、父が戦地で戦死者にお経を上げたこと、戦友が「おまえは坊主だから殺生するな」と銃を撃たせなかったことなどを聞いた記憶があります。どこまで真実かは分かりませんが、仏に仕える身として、苦悩があったことは確かでしょう。

しかし私は〝父と戦争〟について何も知らずに過ごしてきました。その空白を抱えたまま、父は77年、67歳で他界しました。「わが人生」をつづる機会を得た私は、父の空白を埋める最後の機会が来たと思い、少しずつ調べ始めました。

旧軍軍人の履歴（軍歴）について海軍は厚生労働省が、陸軍は都道府県が管轄していることが分かりました。神奈川県では生活援護課が担当しており、父の軍歴証明が発行できるか電話で相談しました。親切な担当者は「横浜大空襲などで兵籍名簿の6割強が焼失しました。お父さまの軍歴を調べてみますが、その点はご承知おきください」と答えました。6割強が焼失…。半ば諦めていたところに、電話が入りました。父の兵籍名簿が残っていた、というのです。

父の軍歴が判明した

「お父さまの兵籍名簿が残っていました」という神奈川県からの朗報を受けて、私はすぐに必要書類を添えて軍歴証明の発行を申請しました。しばらくして、待望の書類が届きました。開封すると、1枚の古びた書類のコピーが現れました。そこに若き日の父がいました。サイズはＡ４判くらい。書類の欄外に「陸軍戦時名簿」とありました。空襲に耐え、よくぞ焼失を免れたと感無量でした。

　手書きの文字はかすれ、あるいはつぶれ、判読不可能な部分も多いのですが、あらかたのことが分かりました。以下、読み取れた部分を抜粋（旧字や漢数字は手直し）し、順を追って父の足跡をたどります。

入営直後の父（左端）。裏書に昭和18年11月25日とある。今連載のため改めて資料を捜していて〝発見〟した

昭和７年　補充兵役編入　歩兵
昭和18年10月27日　臨時召集
歩兵第１補充兵　独立歩兵第７
１大隊補充兵交代要員
同年11月　門司出港
同月19日　南京上陸
昭和19年２月　黄埔上陸　武宣
などの攻略作戦に参加

昭和20年8月14日　停戦詔書発布
同8月18日　復員下命　召集解除
同8月20日　広西省全県でマラリアに罹患《りかん》
昭和21年6月17日　上海出港
同6月28日　佐世保帰還

細部に不正確な部分があるかもしれませんが、父は私が生まれる前年、1943年に赤紙で戦地に駆り出されたのです。父、33歳。長女・英子は4歳で、私は母のおなかにいました。

その名簿によると、父は有事に軍務に就く補充兵ですから、20歳で受けた兵隊検査に合格した後、「即、入営」とはならず、後に召集されたことになります。

兵役法によると、兵役は「常備兵役」「後備兵役」「補充兵役」「国民兵役」に分かれ、「補充兵役」には第1補充兵役、第2補充兵役があり、太平洋戦争中にはさらに第3補充兵役まで設けられ、召集される範囲は徐々に広げられました。

兵士として父の階級は、「昭和18年10月27日　2等兵」「19年5月1日　1等兵」「20年

8月20日　上等兵」となっていました。いわゆる軍属ではなく、各地の攻略戦に参加した本格的な歩兵だったようです。つまり、中国大陸を転戦し、何度も死線をくぐって生き延びたのでしょう。戦死した戦友の埋葬に立ち会い、読経したこともあったでしょう。終戦後、マラリアにかかり、復員は終戦翌年の６月。私は満２歳になっていました。

私は、改めて父が召集された33歳という年齢を考えます。妻子ある僧侶にも、容赦なく赤紙（召集令状）は来たのです。作家の松本清張さんは44年に２度目の赤紙を受け取りました。清張さん、35歳。その頃、家族６人を養っていて、末っ子はまだ２歳だったそうです。「あのときほど、つらいことはなかった」と回想しています。

私はそこに父の心情を重ね、しばし瞑目《めいもく》しました。

横浜大空襲を免れて

１９４５年５月29日昼、〝空の要塞《ようさい》〟と呼ばれた米軍のＢ29爆撃機約５００機とＰ51戦闘機約１００機が横浜に襲い掛かり、焼夷《しょうい》弾の雨を降らせました。この横浜大空襲で犠牲になった市民は、８０００人とも１万人とも言われています。

私は満１歳になる直前でしたから、もちろん空襲の記憶はありません。後になって母か

父母に思いをはせる

ら聞いた話では、私は母に背負われて本堂の裏に造った防空壕《ごう》に避難しました。
米軍の攻撃目標は東神奈川駅周辺、平沼橋、港橋、本牧の大鳥国民学校（現・大鳥小学校）、そして吉野橋だったそうです。妙蓮寺は爆撃を免れました。
8月15日に戦争が終わり、翌年6月に父が復員してきました。母に「お父さんよ」と言われ、父に抱っこされても、満2歳の私は突然現れた〝知らないおじさん〟に泣きだしたと聞いています。
父が出征中の母の気持ちは、今にして推測できます。母は静かな我慢強い女性でしたが、「お寺の大事な跡取り息子を、何としてでも無事に育てる」という決意は固かったようです。お寺にとって、跡取りが絶えるというのは一大事です。時代劇風に言えば、お家断絶。姉の手を握り、赤ん坊の私を背負って防空壕に潜む母の心中は、いかばかりであったでしょう。

戦争中の妙蓮寺住職は私の祖父である2世・日偉上人でしたが、年配ということもあり、働き盛りの父の不在中は何かと苦労があったと思います。

母は私のけがや病気を、とても恐れて、幼い私に危険な遊びをさせませんでした。けんかや暴力を嫌い、境内の木登りはだめ。私が運動が苦手なのは、そんなところに一因があるのかもしれません。

私の行動に目を配り、行動を制限する母を見て、5歳下の弟は、私のことを「かわいそう」と感じていたようです。しかし私にしてみれば「自然に自制してしまう」ようになっていたので、遊びの制限はさほど苦痛ではありませんでした。両親の目の届かないところで、エネルギーを発散していました。

父は明治生まれの男らしく、無口な人でした。子どもを叱るのでも、一発ガツンと怒鳴って終わり。いつまでも小言で後を引くようなことがありません。

戦時中や終戦後というと、空腹について語られることが多いようですが、正直なところ、私はひもじさを味わった記憶がありません。檀家の人たちが何くれとなく、食べ物などを面倒見てくださったからです。

私は物心ついた頃から、父の跡を継ぐつもりでいました。ごく自然に、それを運命と受け入れていました。そのために自制し、人の道を踏み外さないことを自身に言い聞かせていたように思います。残念なのは法事が土・日曜日に多く、行楽地などに連れて行ってもらえないことでした。

私は無事に育って、51年4月、横浜市立港北小学校に入学しました。

小学校の一学級60人

私は1951年4月、横浜市立港北小学校（港北区菊名）に入学しました。港北小は自宅である妙蓮寺から徒歩4、5分の近さです。同校ホームページを見ると創立は49年。当時は意識しませんでしたが新しい学校だったのですね。現在は1学年から6学年まで全児童は817人、28クラス。1クラスは基本的に30人前後のようです。私が1年生の時のクラス写真で、同級生を数えてみると、何と、60人います。さらに、私たちの後に47〜49年生まれの、ベビーブームと呼ばれた時代の〝団塊の世代〟が続きます。

51年の出来事を調べてみました。ラジオで第1回紅白歌合戦（1月）、電車火災で多くの死者を出した桜木町事件（4月）、第1回プロ野球オールスター戦（7月）、サンフランシスコ講和会議で日本独立（9月）などが目につきます。

私は勉強も、遊びや運動も、目立たない子どもでした。成績は、いつも真ん中くらい。どちらかというと、理数系が不得手でした。既に書きましたが、幼い頃から将来は住職になると自他ともに決めていたので、何事にもあまりあくせくしなかったのかもしれません。

港北小学校１年のクラス写真。
前から２列目、左から５人目が私

印象に残っているのは、頭のいい子がたくさんいたということです。彼らは、その頃は偏差値という言葉はありませんでしたが、偏差値の高い有名私立中学や高校に進みました。そういう秀才たちも一緒になって、原っぱや境内でゴムまりの「ゴロベース」や「三角ベース」に興じたことは楽しかった思い出です。

給食は、おいしくなかった記憶があります。味気ない脱脂粉乳ミルク、おから、水のように薄いジャム、硬いコッペパン。でも、それらは、当時の日本が米国や国連の援助を受けながら子どもを育てるために手を尽くしたギリギリの栄養源だったのですね。

53年2月、NHKがテレビの本放送を始めました。8月に日本テレビが民放初のテレビ本放送で続きました。私は小学3年生。ラジオに代わって、テレビの時代が来ました。しかし、テレビは高価で、庶民には高根の花でした。ところがわが家では、戦前に米国に渡った親類がごく早い時期に米国製のテレビを送ってくれました。光り輝くそのテレビは、祖父（2世住職・日偉上人）が住む寺の離れに〝鎮座〟していました。

ある日の記憶です。離れで祖父とテレビを見ていた私は、何かにぎやかだなと思って振り向いて、驚きました。開け放った窓の外で、黒山の人がそのテレビを見ていたのです。町中の人が押しかけたかと思うような人だかりでした。

テレビは少しずつ茶の間に広がったとはいえ、電気屋さんの店頭の白黒テレビに、人々は引きつけられました。人気はプロレスやプロ野球の中継。力道山の空手チョップが宿敵のシャープ兄弟を倒すと、群衆は歓声を上げました。

駅前だからでしょうか、実は妙蓮寺境内にも街頭テレビが置かれました。

忘れ得ぬきりたんぽ

５歳上の姉によると、私は子どもの頃から頑固だったそうです。私が小学校の高学年だったある日、姉と弟（私の５歳下）の３人で伊勢佐木町に出掛けました。両親は仕事が忙しく、めったに遊びに連れて行ってもらえません。当時、伊勢佐木町は横浜最大の繁華街。映画館が軒を連ね、野澤屋、松屋、松喜屋などのデパート、有隣堂や不二家、中華料理の名店「博雅」などもありました。デパートの屋上には、遊園地がありました。

主な道順は、妙蓮寺から東横線で桜木町か横浜に出て、市電で伊勢佐木町へ。乗り物好きな私には、とりわけ路面電車が楽しみでした。伊勢佐木町でのお目当ては、デパート（おそらく野澤屋＝後の横浜松坂屋）の食堂のお子さまランチとチョコレートパフェ。い

秋田県鷹巣町での初めてのスキーは転んでばかりいた

つ食べても、世の中にこんなにおいしいものがあるのかと夢中でした。

帰り道、弟とけんかになりました。原因は覚えていませんが、何を買う、買わないで衝突したようです。財布は、しっかり者の姉が握っていました。「じゃあ、いいよ！」と私はふてくされ、1人でとっとと歩き始め、そのまま妙蓮寺まで歩いて帰ったのです。伊勢佐木町から桜木町へ、それから高島町─青木橋─東神奈川─白楽─白幡─妙蓮寺の道のりで、子どもの足ですから、1時間以上かかったでしょう。全部歩いたのは初めてでしたが、頑固者ゆえ〝怒りの1人旅〟に不安は感じませんでした。

もちろん、小学生時代の楽しかった思い出もあります。その一つが、北国への旅行です。当時、寺の離れに神奈川大学の学生が1人、下宿していました。その人が年末に帰省するとき、「一緒に来ない？」と誘ってくれたのです。彼の故郷は秋田県鷹巣町（現・北秋田市）。私はそのお兄さんが好きで、両親も好感を持っていましたから、私の秋田行きはすんなり決まりました。

現地に着くと、まず深い雪に驚きました。お兄さんの実家は農業と林業をやっていて、「よく、遠い所まで来てくれた」と皆さんが私を大歓迎してくれました。私のために高価なスキー板を買ってくれ、連日ごちそうです。特に、秋田県の郷土料理「きりたんぽ」は忘れられません。うるち米を〝半殺し〟につぶし、杉の棒に巻いて、いろりで焼く。それを鶏がらのだし汁に入れて煮込みます。新鮮な鶏肉のおいしさも、初めて知りました。スキーはスキー場ではなく、その家の庭で教えてもらいました。初体験ですから、転んでばかりいました。

ある夜、お兄さんと夜道を歩いて帰宅しました。雪道をスイスイ歩くお兄さんと、ここでも転んでばかりいる私。寝床は、分厚く重ねたわらの上に布団を敷きます。いろりの火が暖かく、広くて寒いお寺よりも、はるかに快適でした。

1週間ほど滞在したでしょうか。その後、お兄さんは下宿を離れ、私の秋田行きは1度限りでした。

大巧寺でお経の特訓

小学校時代の重要な出来事は、鎌倉の大巧寺《だいぎょうじ》で初めてお経を習ったことです。小学3年生の時でした。

「門前の小僧習わぬ経を読む」ということわざがあります。私は「門前」ではなく、お寺の子どもですから、いつか必ず「経を習う」日が来るとは思っていました。

私が小学１年か２年の時、親戚の法事で。前列左から２人目が父、１人置いて私、隣に弟の進二。私の後ろが祖父、進二の後ろが姉の英子

それまで、父が私にお経を教えたことはありません。親子では教えにくいので、よその寺に預けるという例はよくあったようで、うちでは親戚筋の寺の住職に託すことにしたのです。

ある日、父が「夏休みになったら1カ月くらい、鎌倉駅の近くにある大巧寺でお経を勉強するんだ」と言いました。大巧寺は日蓮宗系の寺で、安産祈願の寺として知られています。かなり年配の住職は、私の祖父と懇意だったようです。

朝8時ごろ、母が作ってくれたお弁当を持って家を出ます。なぜか弟も一緒でした。〝修行〟するのは私だけなのに、子守を任せられたということなのでしょうか。妙蓮寺から横浜駅に出て横須賀線に。横浜駅の横須賀線ホームは整列乗車で、周囲の人たちが私たちに何かと気を使ってくれました。

鎌倉には親戚があり、何度か遊びに行ったことがあるので、道中に不安はありませんで

した。後部車両の座席に座ると、電車のリズミカルな振動が心地よく、車窓に現れては消えてゆく景色が見飽きませんでした。それが後年、私が鉄道ファンになった一因かもしれません。

大巧寺の住職は厳しい人でした。お寺に着くと、まず本堂回りの掃除です。ほうきで掃き、廊下や床の雑巾がけ。大敵はハトのふんです。鎌倉のハトは1羽や2羽ではありません。連日、大量のハトのふんに悪戦苦闘しました。掃除は弟が手伝ってくれました。

掃除が終わると、いよいよお経の勉強です。初心者用の教本があるのですが、例えば「南無妙法蓮華経」にしても、ルビが振ってありません。お経は漢字だけで、それも画数の多い難しい字ばかり。「点読」と言って、それを1字1字指して、意味を習いながら声を出して読みます。

ノルマは毎日、教本1ページ。それが日々、積み重なってゆくのですから、最後には相当な分量になります。子どもには、漢字の意味を理解する力はありません。ひたすら体で覚える——。そんな感じでした。

昼食を台所で弟と済ませ、午後は仏像のから拭きなどをしてから、またお経。それが午後2時、3時ごろまで続きます。たまに住職が「お昼から海に行っておいで」と海水浴にやってくれました。由比ケ浜海岸までは歩いて数分です。

帰宅すると、復習と予習。私はそれがつらい、嫌だと思ったことはありません。必死でした。小さい頃から「僕は将来、妙蓮寺を背負う。父親に恥をかかせてはいけない」という心構えだけはあったようです。

夏休みの〝大巧寺特訓〟は、私が中学を卒業するまで続きました。

父のお酒、母の酢豚

ここで、改めて私の両親を紹介します。

父・山本玄英は1910年3月18日、妙蓮寺の跡取りとして生まれました。幼名・英太。43年に召集されて中国大陸を転戦し、46年に復員したことは既に書きました。私と同じく運動は苦手で、行軍では随分戦友に助けられたようです。

明治生まれとあって、黙々と仕事をこなす人でした。怒られた記憶がなく、怒っても一喝して終わり。さっぱりした性格でした。

僧侶、住職としても多忙ですが、加えて、父は地元でさまざまな活動をしていました。消防団長、私の母校・横浜市立港北小学校のＰＴＡ会長、横浜市会議員（51～55年）。ですから、父と遊んだ記憶がありません。同世代の〝普通の家の子ども〟を、うらやましく思ったものです。それでも、地元のため、人のために働く父を尊敬していました。

一度、父とバス旅行をしました。といっても、町内会か商店街の催しだったのでしょう。行き先は箱根で、とてもうれしかったことを覚えています。

【右】父・山本玄英
【上】母・山本シヅ

お酒が好きで、よく言えば豪快ですが、外で飲むと「もう一軒」「もう一軒」で際限がありません。母は、父の酒癖をよくこぼしていました。

父は、大型の秋田犬を飼っていました。私が小学3年生の頃で、父は広い金網小屋を作りました。私は大型犬が怖くて、ろくに餌をやりませんでした。父は、その犬を品評会に出していましたから、血筋のいい犬だったのかもしれません。

ある日、その犬が死にました。最期に一声、大きく鳴いて息絶えました。悲しそうな、あの鳴き声は忘れられません。以来、私は動物の死に接することが大嫌いになりました。ですから、動物は飼いません。今、あの秋田犬の名前も思い出せません。つらい体験を忘れたいと念じていると、いつかその名前まで忘れてしまうのでしょうか。

父は77年11月12日、67歳で亡くなりました。

母・シヅは明治から大正に改元したばかりの12年9月14日、横浜市子安町（現在の神奈川区）に生まれました。伊勢佐木町にあった松屋デパートに勤めていて、彼女が働く姿を父が見初めたそうです。

私の記憶にある母はいつも着物姿で、何事も表に出ることを嫌いました。広い境内や本堂周り、トイレの掃除は大変です。母は毎日、地味な仕事に取り組んでいました。お寺や檀家さんは、伝統やしきたりを重んじます。全く知らない世界に嫁入りした母には、いろいろと苦労があったでしょうが、母は愚痴をこぼさない、芯の強い人でした。

若い父と母が、昔の菊名池でボートに乗っている写真を見たことがあります。負けず劣らず、無口な2人ですから、一体、どんな話をしたのでしょうか。

母は平成を迎えて96年1月8日、83歳で亡くなりました。料理が上手で、私は特に酢豚が好きでした。今でも、あの酢豚が食べたくなります。

立正進学は既定路線

１９５７年、横浜市立港北小学校を卒業した私は私立の立正中学（東京都品川区大崎、２０１３年に大田区に移転）に進みました。立正大学の付属中学です。

前にも書きましたが、立正大学の淵源は１５８０年創立の日蓮宗僧侶の教育機関です。幼少から、将来は父の後を継がせるつもりの両親と、継ぐつもりでいた私にとって、立正進学は既定路線でした。

通学は妙蓮寺―自由が丘―旗の台―大崎広小路と、東急の東横線・大井町線・池上線を乗り継いで約1時間。一緒に通う仲間はおらず、一人旅でしたが、電車が好きな私には楽しい日々でした。住み慣れた土地を離れる高揚感、知らない世界への期待のようなものがありました。

立正中学は男子校で（現在は共学）、制服は濃紺の背広と、えんじ色のネクタイ。「どこかの駅員さんの制服に似ている」と言われた覚えがあります。１年生は２クラス。１クラスは35人ほどだったでしょうか。

本堂で色衣（しきえ）をまとう。
色衣は法事で着用する正式な僧衣

　意外だったのは、僧侶の家庭の子が少なくて、学年で5、6人だったでしょうか。宗派も、さまざまでした。もっとも、中学1年生ですから、楽しい話題がいっぱいあって、日頃、宗教について語り合うことはありませんでしたが。

　仲間には川崎に住む子が多く、私は通学にいつもの東急線だけでなく、横浜に出て国鉄（今のＪＲ）を使い、遊び仲間のいる川崎で途中下車することを覚えました。彼らは下町の庶民らしい、おおらかさを持っていました。私が生まれ育った妙蓮寺周辺の子どもたちとはちょっと異質な気さくさが、私には心地よかったようです。誰もが顔見知りという、ある意味での故郷の窮屈さから解き放された心地よさだったのかもしれません。川崎大師の門前で遊んだ楽しい思い出がよみがえります。

　私の学業は、小学校の時より、向上しました。特に勉強したわけではないのですが、頭のいい子がそろっていた小学校時代に鍛えられていたことが、幸いしたのかもしれません。勉強が難しいと感じなくなりました。ただし、そこにあぐらをかいて努力しなかったために、成績は少しずつ下降線をたどりましたが…。

部活には、入りませんでした。拘束されること、型にはめられることが好きではなかったといえば、格好つけすぎでしょうか。

中学で夢中になったのはカメラです。お寺には古い型の二眼レフカメラがあり、葬儀などの記録用に使われていました。私は一眼レフカメラを買ってもらい、すっかりカメラ小僧になりました。

中学の近くに貸しスタジオがあり、その暗室をよく利用しました。撮影したフィルムを暗室で現像し、印画紙に焼き付けると、徐々に画像が浮かび上がってきます。魔法を見ているような、ぞくぞくする興奮と感激です。撮影から焼き付けまで全て自分でやった写真は、誇らしい〝私の作品〟でした。

男友達、登山、得度式

立正中学に進み、親友が5、6人できました。みんな明るくて、気持ちのいい仲間でした。

彼らとのつながりで行動範囲がぐんと広まり、日帰りで江の島、鎌倉、時には箱根くらいまで遠出しました。大冒険でした。みんなで食堂に入り、お昼を食べた時の楽しさがよみがえります。カレーライスやラーメンのおいしかったこと。友達の素晴らしさを知り、自分の世界が広がっていくのを実感しました。

私が中学生になった1957年は、前年に映画デビューした石原裕次郎の人気が急上昇した年でした。「俺は待ってるぜ」「嵐を呼ぶ男」…。私たち少年は、その格好良さにあこがれました。街に裕ちゃん主演映画の等身大ポスターが張ってあり、彼のけた外れの脚の長さに驚いたものです。

当時、映画は娯楽の王様で、近くの東横線・白楽駅前に洋画が主の白鳥座、六角橋方向に坂を下った所に邦画中心の紅座《べにざ》がありました。私は、どちらかと言うと洋画が好きで、ゲーリー・クーパー主演の西部劇のファンでした。

私は異性への関心は芽生えていたものの、女子の友達などはもちろんいません。そういう時代でした。異性関係に、特に母は私に厳しい目を向けていたようです。18歳くらいの時だったと思いますが、強烈な体験をしました。

私が、なぜか女友達（どんな人だったかは忘れました）を家に連れてきたことがありました。前後の事情も記憶にありませんが、とにかく、普段おとなしい母が激怒したのです。お寺を継ぐ大事な息子を「後ろ指をさされないように」「清く正しく」育てることに徹していたためでしょうか。そのことがあったせいか、私は女性に対して〝奥手〟だったようです。

丹沢ヤビツ峠で中学生の私（前列左端）

私には男友達との遊びの方が、ずっと楽しかったのです。中学の同級生と遊ぶ他に、親戚のおじさんたち数人と山登りを楽しむようになりました。私から見て〝カッコイイ〟おじさんが登山好きで、その一行にくっついて行ったのです。大山、丹沢などへ毎月のように出かけました。

はるか年上の頼もしい大人たちと行動を共にする、ちょっと背伸びした感覚がうれしかったのでしょう。登山はきついけれど、山頂に立って絶景を眺めた時の感動、汗をかいた体が風に吹かれる爽快感は素晴らしいものでした。登山は大学に入っても続けました。

さて、中学に入った年の7月1日、私は「得度《とくど》」し、父の弟子として仏門に入りました。出家の儀式である得度式には同じ宗派のお寺の僧侶と檀家の人たちが参列し、私は僧侶の普段着である道服《どうふく》を着て、剃髪《ていはつ》をしました。といっても当時の私は五分刈り。形式的にカミソリをあてただけで、実際に髪を切ったりはしませんでした。

まだまだ中学生。得度式によって特別な感慨や覚悟が生まれたわけではなく、それまでと変わらない生活を送っていました。

バイクの日々と度牒

1960年4月、私は立正中学から立正高校に進学しました。同じ敷地なので通学に関しては全く変化ありません。

後に振り返りますと、世の中は安保闘争で騒然としていました。新しい日米安保条約に反対する革新勢力や学生、労働者らの大規模なデモが連日、国会周辺で繰り広げられました。6月15日には、全学連主流派が国会に乱入。警官隊と激突し、その中で東大生・樺美《かんば》智子さんが亡くなりました。6月23日、新安保条約は発効しました。

しかし、私たちは政治とは無縁の〝ノンポリ〟高校生でした。私の興味はもっぱら、バイクのスピードに向いていました。

始まりは排気量50cc以下の原動機付き自転車、いわゆる〝原付き〟のバイクです。親友の中には運送会社の息子もいて、バイクやクルマに対するみんなの関心が高く、免許が取れる年齢になるのを待ちかねてバイクにまたがりました。川崎大師周辺や多摩川べりで風を切って走っていると、気分がスカッとしました。

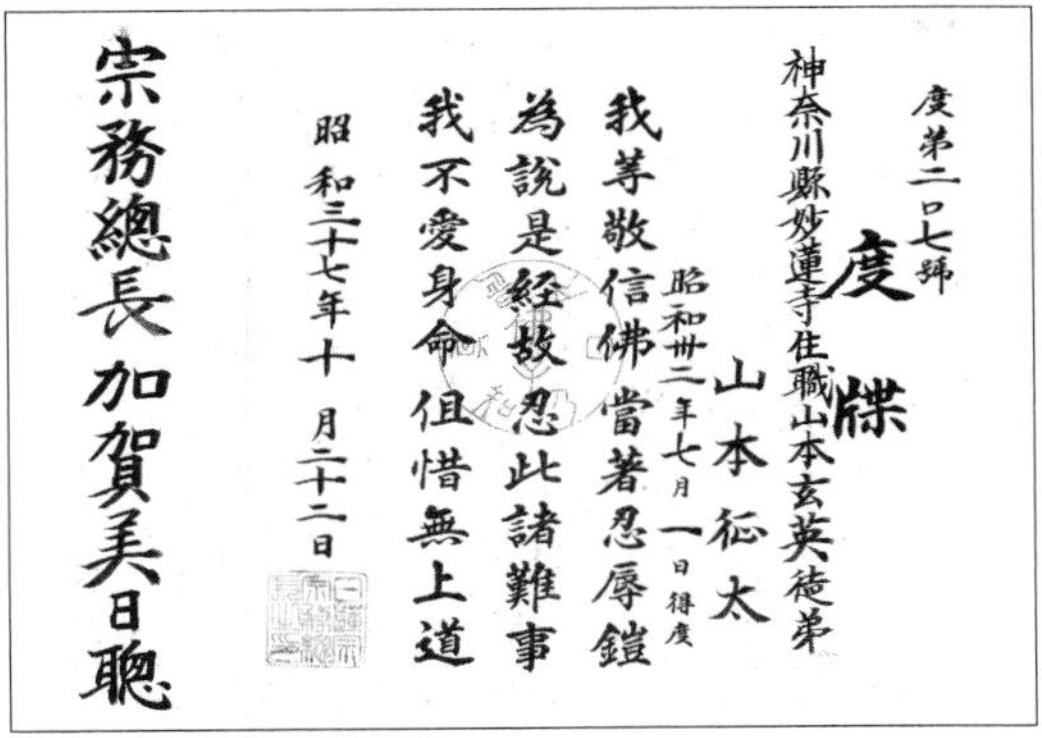
度第二〇七號
度牒
神奈川縣妙蓮寺住職山本玄英徒弟
昭和廿二年七月一日得度
山本征太
我等敬信佛　當著忍辱鎧
為説是經故　忍此諸難事
我不愛身命　但惜無上道
昭和三十七年十月二十二日
宗務總長　加賀美日聰

山本征太に交付された度牒のコピー。「妙蓮寺住職山本玄英徒弟」とある

次の段階は、当然のように普通免許（普通自動車第一種免許）です。5歳上の姉も、普通免許を持っていました。当時としては珍しかったでしょう。父は「これからは、モータリゼーションの時代が来る。男女を問わず、免許は必要だ」という考えだったようです。わが家には寺の仕事に使うトヨタコロナがあり、私は菊名の自動車学校に通って普通免許を取得しました。

免許が取れれば遠出もします。最初は原付きで、その後はクルマで、夏休みには仲間と江の島や箱根などまで出掛けました。その頃よく使ったのは国道1号のバイパスである横浜新道です。高速道路がない時代、首都圏に初めてできた自動車専用道ですから、クルマ好きにとても魅力でした。渋滞の名所だった東海道線踏切を回避するため、ワンマン宰相と言われた吉田茂首相のツルの一声で建設された部分は、ワンマン道路と呼ばれていました。信号のない道路を走る爽やかさと優越感は格別でした。

以来、クルマは私の〝親友〟になりました。大学時代には、休みを利用して、仲間たちと全国を走り回りました。3泊4日ほどの旅程で、手持ち予算は食事代とガソリン代で精いっぱいですから、すべて車中泊。それでも、疲れ知らずの楽しい体験でした。

7、8年前からは年に数回、愛車を持ち込み、仲間と静岡県の富士スピードウェイで走っています。疾走感と豪快なエンジン音は、私にとって何よりの気晴らしです。

遊びの話ばかり書いて恐縮ですが、一方で、僧侶を目指す身にとって重要な節目が来ました。

高校3年だった62年10月22日、日蓮宗本部の宗務総長から「度牒《どちょう》」を交付されたのです。得度式はその5年前に済ませていましたが、いわば〝出家得度の証明書〟。これによって、正式に日蓮宗の僧侶になるスタートを切りました。

中学で出会った親友

立正大学付属中学―高校―大学を通しての親友で、大学卒業後は妙蓮寺の仕事を手伝ってくれた恩人がいました。「いました」と過去形で書かなければならないのが、とても残念です。

彼の名前は村松克己。立正中1年で同じB組になりました。A、Bの2クラスだけで1クラス35人ほどの、こぢんまりした中学でした。当時の私は、どちらかというと人見知りで、積極的に友達をつくる方ではなかったと思います。でも、彼は優しそうで、接しやすい雰囲気を持っていました。実家は川崎の畳屋さん。多分、好きなオートバイを介して仲良くなったのだろうと思います。

ある日、学期末の試験が近づいたので、彼の家で一緒に勉強しようという運びになりました。教科書や参考書を持ち込んだのはいいのですが、彼の家は国道の交差点に面していたので、クルマやバイクの爆音がひっきりなし。私が「うるさくて勉強なんかできない」と不平を言うと、「じゃあ、おまえの家でやろう」。勉強の場を妙蓮寺に移すことになりし

中学時代の私（左端）。右隣が村松君

ました。

改めて、教科書を開いてしばらくすると、今度は彼が不平を言い始めました。「おまえの家は静かすぎて、落ち着かない」。寺の部屋は、どれも広く作ってあります。周囲も閑静な場所ですから、電車の音はともかく、クルマの音はほとんどしません。騒音の中で育った彼は、初めて体験する静寂にとまどったのでしょう。だからと言って、また夜中に引っ越しするわけにもいかず、結局、〝合宿〟の成果はあまりなかったと思います。

中学、高校を経て、大学も同じ経済学部に進みました。私が仏教学部ではなく、経済学部を選んだわけは後に書きますが、親友の彼が経済学部に進んだことも一因だったかもしれません。大学時代、私はアルバイトと授業が重なると、彼によく〝代返〟を頼みました。

私と村松君の関係に絞って話を進めますと、彼は大学卒業後、横浜にある会計事務所に就職しました。一方の私は大学時代に僧籍を取得するとともに20歳で幼名の「征太」から「玄征」に改名。1977年、33歳で父の後を継いで妙蓮寺4世住職になり、日英を名乗りました。

この間、村松君は会計事務所に勤務する傍ら、妙蓮寺の経営に助言を惜しまず、何かと協力してくれました。金銭欲がなく、誠実で、私が住職になって、寺の将来をあれこれと考えるようになると、かけがえのない相談相手になり、96年には妙蓮寺の関連会社の役員に就任してくれました。彼の親戚が沖縄にいたので、2人でよく沖縄旅行をしたものです。公私にわたる真の友達でした。

後に、いろいろな面で、彼が私のことを心配していたと知りました。いわく「住職は人が良すぎる。すぐ、他人を信用する。世の中は善人ばかりじゃない。危なっかしくて、見てられない。いつか、だまされなきゃいいが…」。

親友の霊に引導渡す

人の世は無常です。生者必滅、会者定離。会うは別れの始め、と言います。中学時代からの親友であり、恩人でもある村松克己君との永遠の別れは2017年の夏のことでした。

その前の年、家族がディズニーランドに出掛けて留守番していた彼は急におなかが痛くなり、自分でクルマを運転して病院に向かいました。即入院。精密検査で大腸がんと分かり、告知を受けて、すぐ手術することになりました。

その後、一度は退院し、妙蓮寺関連会社の役員として経理などの引き継ぎ的なことをする間にも、がんは転移していたようです。徐々にやせ衰え、表情もつらそうになりました。

お寺は日常的に死と接しています。死は特別なことではなく、当たり前のように目の前や隣にあります。一般社会から見れば、特殊かもしれません。そういう環境にいる私や、気心の知れた仲間たちは、村松君に対して死を隠すことをしませんでした。死は、忌むべきことではなく、誰にも等しく訪れるものですから。

例えば、病床の彼に「あとどれくらい生きられるの?」「じゃあ、こうしよう」「それなら、ああしよう」などとあけすけに話していました。巧言令色(言葉をうまく飾って、顔色をつくろうこと)をよしとせず、真情を吐露して残された時間を共有する―。もちろん、心中は悲しみに満ちているのですが。

2017年7月、「もういいかな」というのが村松君の最期の言葉でした。享年72。私は妙蓮寺住職として、引導を渡す役を務めることになりました。「引導を渡す」は一般に「最後通告をして諦めさせる」ことになっていますが、仏門に導くというのが元々の意味です。親友を彼岸に送るのは、初めてのつらい体験でした。

まず「枕経《まくらぎょう》」を読みました。ご遺体がまだ布団の中にあり、納棺する前に唱える最初の鎮魂のお経です。「俗名　村松克己の霊に回向し　枕経追善の法会を修し奉る」うんぬん――。

通夜・告別式は妙蓮寺で執り行いました。迷っている衆生（生きとし生けるもの）を仏門に導くために読み上げる引導回向の文を書いていると、涙があふれてきました。２人の出会いからさまざまな思い出が走馬灯のように浮かんでは消えます。少し長くなりますが、その一部を紹介します。

「散りし花もまた花を咲かせ　落ちし木の実もまた実を結ぶ　なにゆえ人の命ばかりは去って再び帰らざる」「彼は我が親友なり　春の想い出は学び舎の桜。立正中学校、立正

高校時代の私（手前）と村松君

高校と共に学び、立正大学経済学部を共に卒業する」「この人、資性誠実、篤実温厚、人望篤く、人々に慕われし情けの人なり」

妙蓮寺の関連会社で、村松君と机を並べていた同僚は「会社運営の数少ない相談者であり、理解者としてとても温かく見守ってくださった。お世話になった気持ちですので、お受け取りください」と遺族に弔慰金を送りました。

経済学部を選んだ訳

1962年、高校3年になった私は大学進学の道筋を決めなければなりません。付属の中学・高校に学んだわけですから、そのまま行けば、立正大学に進むことになります。私の場合、問題は学部の選択でした。

立正大学は今は八つの学部を持つ総合大学ですが、戦後間もなく、新制大学として再スタートした時は、仏教学部と文学部の2学部でした。50年に経済学部ができ、67年に経営学部、81年に法学部、96年に社会福祉学部と学部が増えていきました。私が進学しようとした時は仏教学部、文学部、経済学部の3学部だったわけです。

両親（父も立正大のOBです）は、私が仏教学部に進むと思っていたようです。私自身、小さい頃から住職の跡取りになるつもりでしたし、大学でそのための勉強をすることにブレはありませんでした。

一方で、寺はこのままでいいのか、という疑問も芽生えていました。寺は、ずっと檀家制度に支えられていました。いつまでも、壇家頼みでやって行けるのか。これからは寺を「経営」する感覚が必要ではないか。僧籍取得に必要な科目を履修しつつ、寺の将来を見据えて視野を広げる—。学部選択の相談をした高校の先生も、私の考えを支持してくれました。

大学時代に友達と。
左から２人目が私

経済学部に進む決意を両親に伝えると、意外にもあっさり認めてくれました。「寺の跡を継いでくれさえすれば、いい」という考えだったのかもしれません。63年4月、私は親友・村松克己君とともに立正大学経済学部に入学しました。

大学では、経済学部と仏教学部の講義を掛け持ちすることになりました。と書くと、勉強の日々のように聞こえますが、私は（規則に縛られるのが嫌いで）サークルに入っていなかったために、自由時間がありました。1年生の時からアルバイトに励みました。

18歳で普通免許を取得していたので、好きなクルマを使う仕事に就きました。新車の陸送です。船で川崎港に陸揚げされたトヨタの新車を運転して、都内の各営業所に運ぶのです。当時はトレーラーで数台を運ぶのではなく、1台1台、ドライバーが運転して営業所に運び入れていました。このアルバイトは、4年間続けました。学費のかなりの部分を稼げたと思います。

トヨタと言えば、忘れられない人がいます。２０２０年12月に亡くなったタレントの小松政夫さんです。

小松さんはいろいろな職業を経験されたようですが、一時期、横浜トヨペットのセールスマンとして活躍されていました。たまたま妙蓮寺の担当でもあり、クルマを買い替える時など、よく訪ねて来られました。話術が軽妙だったことを覚えています。

ある時期、横浜の馬車道や伊勢佐木町で映画を見ると、本編上映の合間にコマーシャル映像が入り、横浜トヨペットの〝やり手営業マン〟として小松さんが出演していたことを懐かしく思い出します。

35日間の修行に入る

１９８９年の暮れ、ある日本映画が公開されました。その頃はあまり映画を見なくなっていた私でしたが、旧知の住職に薦められて、翌年、久しぶりに横浜の映画館に足を運びました。「ファンシイダンス」という作品で、原作は岡野玲子さんの漫画。映画化した周防正行監督は、後に「シコふんじゃった。」や「Ｓｈａｌｌ　ｗｅ　ダンス？」などのヒット作を生んで有名になりました。

なぜ、知人が見ろと言ったのか。それは、私たちの大学時代の経験に重なる物語だったからです。

あらすじはというと、主人公の陽平（本木雅弘さん）は禅寺の跡取りですが、ロックバンドに入れ込んでいます。いよいよ寺を継ぐ時が来て、さまざまな決断を迫られます。陽平は恋人（鈴木保奈美さん）と別れ、頭をそって入山し、厳しい修行を積むことに…。

映画はその修行の日々のあれこれを面白おかしく描きます。それは、宗派と時代は異なりますが、私が大学時代に体験した「信行《しんぎょう》道場」での修行に通じるものでした。

日蓮宗の祖山（総本山）、身延山久遠寺の本堂
（写真提供・日蓮宗神奈川県第１部宗務所）

僧侶になるためには、いくつかのステップがあります。私がそれまでに「得度」「度牒」という、僧侶になる節目を踏んだことは既に書きました。大学は経済学部ですが、僧侶資格を取得するために必要な仏教学部の科目と単位も履修していました。

僧侶になるためには「学行二道」、つまり学問と修行が必要で、その修行の場が信行道場です。正式には「日蓮宗信行道場」と言って、日蓮宗僧侶の資格を取得するには欠かせない35日間ぶっ通しの課程です。私は大学2年の夏休みに道場に入り、修行を積みました。東京五輪直前の64年の夏のことでした。

私が修行したのは、日蓮宗総本山・身延山《みのぶさん》久遠寺《くおんじ》（山梨県南巨摩郡身延町）。そこで年2回（今は3回）開設されたのですが、1度履修すれば良い課程でした。私が入山した時の修行僧は合わせて35人ほど。大学生は私を含めて5、6人だったと思います。

一般の人が多いのは意外でした。中に40代、50代のサラリーマンと教師がいました。彼らは住職である父親が亡くなったため後を継ぐことになり、それまでの仕事を辞めて入山したのだと、後に知りました。

夏の身延山（標高1153メートル）というと、涼しげに聞こえるかもしれませんが、久遠寺周辺の標高は400メートルほどで、かなり暑いのです。山梨県には甲府盆地があり、盆地の暑さはよく知られています。当時はまだ空調は一般に普及しておらず、当然私たちが寝起きした部屋にもありませんでした。衣食住、全てが質素。何事も修行です。

35日間の修行の間、外出は禁じられ、新聞やテレビはなく、修行僧たちは世間と隔絶されました。「道場清規」という規則に従って、朝4時の起床に始まる厳しい日課をこなす――。そこは、まさに異次元の〝結界〟でした。

修行はおなかがすく

信行道場での修行は、それまでにない体験でした。

まず、初めての集団生活です。私たち修行僧仲間は約35人。うち、私のような大学生は5、6人。大半が普通の勤め人だった人でした。それが六つほどのグループに分かれて、それぞれに部屋を与えられ、寝起きします。部屋の広さは12畳くらいだったでしょうか。真夏ですが、半世紀以上も前のことで、エアコンはついていません。そのために〝男所帯〟は寝苦しかったことを覚えています。

互いに面識はありませんでしたが、同じ目的で集まった者同士なので、気は楽でした。部活の合宿のような感じ、と言ってもいいかもしれません。わずかな自由時間に少しずつ言葉を交わすようになり、打ち解け、仲良くなります。やがて、互いの歩んで来た道を話し合うと、どれもがとても刺激的で興味深く、良い人生勉強になりました。

道場生活に、自由はほとんどありません。外出禁止、新聞・テレビ・ラジオ・雑誌なし。現代なら、スマホやゲームは当然、禁止でしょう。つまり、全ての情報から遮断された生活です。世の中の動きは、全く分かりません。お酒、たばこなどは論外。私の時、持ち込みが許されたのは袈裟衣《けさごろも》と下着だけでした。入山した時に剃髪し、修行中は2週間に1度ほど、きれいに剃髪し直します。ひげも、そります。

朝4時の起床で、修行の一日が始まります。まず、水行《すいぎょう》。ふんどし一つの裸体で、水をかぶります。部屋に戻って身支度を整え、5時から朝のお勤め。列を作って本堂に移動します。服装は、一番質素な衣で、「一休さん」に近いイメージです。読経をした後は、本堂と境内のお掃除に取り掛かります。お寺は広いから、大変です。掃除を終え、8時からやっと朝食。食事は食堂で頂きます（お寺では「じきどう」と読みます）。食事は近所の信者さんたちが作ってくれているようでした。思い出せる範囲でメニューを紹介すると、白米、みそ汁、卵焼き、切り干し大根、牛乳など。大きな声で汗をかきながらお経を読み、拭き掃除や掃き掃除に汗を流し、また全力で読経。

朝からかなり体力を使って、空腹な私には、道場の食事はごちそうでした。食事のありがたさを、改めて認識したものです。ご飯は各自でよそい、お代わりもできました。食事中、いくらかの私語は許されますが、みんな食べるのに夢中で、食堂全体は静かでした。

信行道場の体験談を聞いたり、読んだりすると、修行中にやせる人が多いといいます。いつも炭水

朝一番の修行として行う「水行」のイメージ
（写真提供・日蓮宗神奈川県第１部宗務所）

化物（白米）でおなかを満たしていたら太るのではないか、どうしてやせるのか。結局、厳しい環境と修行で体力を消耗するからという結論に行き着くようです。

ここで告白しなければなりません。35日間の修行を終えた時、私はなぜか太っていたことを。みんなと同じものを食べ、間食などしていなかったのですが…。

正座で膝が変色した

信行道場での修行は、休日なし。35日間ぶっ通しです。いろいろな体験談を読むと「想像していた以上に過酷で、何度もくじけそうになった」「鼻血を出す人、脚気《かっけ》になった人、視力が衰えた人がいた」などとありますが、私は日常的に早朝から妙蓮寺の手伝いをしていたので、道場の生活が格別つらいとは思いませんでした。それでも、一番つらかったのは長時間の正座。これについては、後で書きます。

さて、修行の中心は何と言っても読経です。朝から晩までお経、お経。教本（経典）に従って、とにかくお経を暗記します。お経が自然に口から出るようになることが基本です。覚えなければならないお経は、毎日毎日、蓄積していきますから、修行僧は必死。35日間で必要なお経を覚えなければなりません。おなかの底から声を出すので、体力勝負でもあります。
この間、正座が続きます。一瞬でも、崩すことは許されません。すぐに脚がしびれてきて、感覚がなくなります。やがて膝が紫色になり、立ち上がろうとすると膝がガクガクして倒れてしまいます。歩くのが大変でした。歩けるということが、こんなにありがたいことだとは…。多くの修行僧が、正座に苦しんでいたようです。

昼食は正午から午後1時まで。やはり肉はなく、野菜中心の質素な料理です。油揚げがとてもおいしかったことを覚えています。食後の休憩時間は特に設けられていませんでしたが、仲間とおしゃべりする余裕は多少ありました。

修行のイメージ。朝のお勤めのため本堂に移動する修行僧たち（写真提供・日蓮宗神奈川県第１部宗務所）

午後は座学。大学教授らが宗教学、仏教史、法華経学、日本仏教思想史などを多角的に講義します。そして、また読経。私の時は基本的に外に出ることはなかったのですが、一度だけ、隊列を組み、お経をあげながら近くのお寺に行くことがありました。その時だけ〝下界〟に出ることができました。午後3時から30分ほどの休憩があります。

またお勤めをして、夕食は午後6時から。これが、一番楽しみな時間です。メニューは朝食とほとんど変わりません。おひつにご飯が残っていれば、お代わりができます。夕食が楽しみなのは、食後、家族などからの差し入れが配られるためです。「総供養」と呼ばれ、和菓子やおせんべいなどが全員に平等に配られます。決してぜいたくなお菓子ではないのですが、ほんのりした甘味など、それはそれはおいしかった…。

夕食後は入浴です。お風呂は、道場の担当の方が沸かしてくれました。午後7時から9時までは、一日最後の自習時間。9時の消灯まで、雑談をしたりして過ごしますが、勉強する人もいました。

後で考えると、この雑談が貴重でした。それまでの歩み、生き方、将来の夢。他人の意見は刺激的で、世の中にはいろいろな人がいること、いろいろな考えがあることを、ひしひしと感じました。いくら話しても尽きない時間でした。

35日の修行を終えて

現在、伝統的な宗派の多くが、資格制度と教育制度を組み合わせて、僧侶を育成しています。

日蓮宗の場合、資格制度は僧籍規定に定められています。私はそれに基づいて「得度」で仏門に入る届けを宗門本部に提出し、「度牒」で僧侶を目指す誓いを立て、立正大学2年の夏休みに、最終的な関門である信行道場に入りました。

どんな教育を受け、どんな修行をしても、日蓮宗では、信行道場を修了しなければ、僧籍を取得できません。信行道場を修了することによってのみ、正式な日蓮宗僧侶として本部に登録され、僧階（僧侶の階級）に叙せられ、寺院の住職になることが制度上可能になります。

世間と隔絶された35日間の修行では、膨大な数のお経を覚え、仏教への理解を深め、粗食に耐え、さまざまな作法を学び、働きます。ひたすら修行の日々で、休日はありません。ストイックな生活、つらい正座、襲って来る睡魔との闘い。変化のない修行が連日続きますが、途中でやめては、元も子もありません。とにかく、やり遂げることです。

しかし、長期の修行を単独で達成するのは、なかなか困難です。そんな時には、仲間が

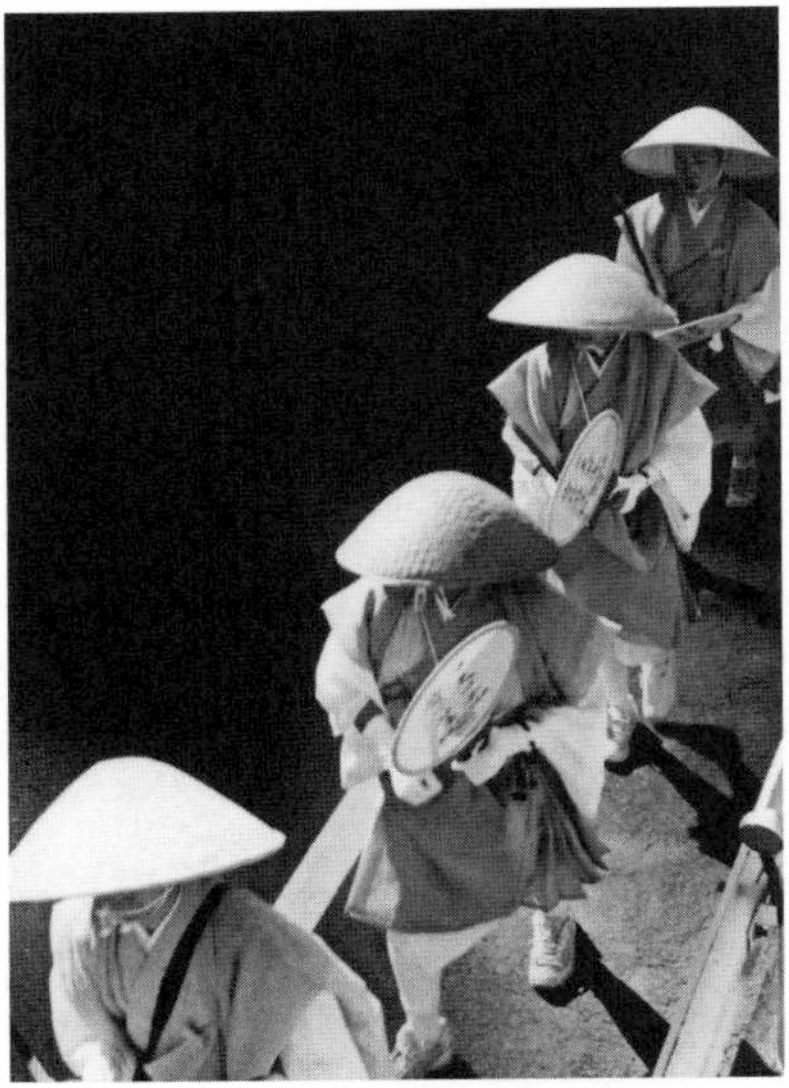

修行のイメージ。質素な衣、うちわ太鼓、天台がさが本堂に向かうときの基本スタイル（写真提供・日蓮宗神奈川県第１部宗務所）

必要です。世代も境遇も考え方も違う男たちですが、同じ目標を目指す、いわば同志です。みんな仲良くなり、同期意識が芽生えます。

修行を積むうちに、少しずつ自分の知識が増えて行くのを実感できました。僧侶になる自覚と、自信めいたものが生まれてきたようにも思えました。

特別な卒業試験はありませんでしたが、修行の終盤、訓育主任との面談が設けられました。そこで、僧侶として生きる覚悟を問われました。そして、ついに最終日。最後のお勤めを果たして〝満行《まんぎょう》〟。願いを成就することができました。

卒業の儀式で修了証を手にした時、「ああ、これで僧侶になれる」とホッとしました。少し大人になった気分でした。ちなみに日蓮宗には、最高位の「大僧正」まで12の僧階がありますが、この時の私の僧階は、下から5番目の「権僧都《ごんそうず》」でした。

驚いたことに、ほかの人とは対照的に、なぜか私の体重は増えていました。同期の修行僧、約35人。途中で体調を崩した年配の人がいましたが、全員なんとか〝満行〟しました。それまで受験の厳しさも知らず、一つのことに没頭する経験がほとんどなかった私にとって、つらいけれど新鮮で充実した35日間でした。

久しぶりに家に帰って食べたのは、夢にまで見たかつ丼。しかし、粗食に慣れた胃袋が、突然のごちそうとボリュームに驚いたのでしょうか、おなかを壊してしまいました。

コロナ禍で、2020年の信行道場は中止されたようです。もう一度、道場に入れと言われたら？　もはや、体力的な自信はありませんが、人生の〝あか落とし〟のために、それもいいかもしれませんね。

ベトナム戦争の米兵

私が僧侶になる資格を得るために立正大学で過ごした4年間はどんな時代だったのか、改めて振り返ってみました。

入学した1963年にケネディ米大統領が暗殺され、翌64年には東京五輪が開催。65年に米軍が北ベトナムへの爆撃（北爆）を開始、ベトナム戦争が本格化しました。66年は横須賀に原子力潜水艦が初入港し反対デモが激化しました。

ベトナム戦争に関して、忘れられない記憶があります。私は、米国の傷病兵と度々接していたのです。

ベトナムは19世紀に仏領インドシナとしてフランスの植民地となり、第2次世界大戦では日本軍が進駐しました。戦後は南北に分断され、親米のベトナム共和国（南ベトナム）と共産主義のベトナム民主共和国（北ベトナム）が対峙《たいじ》。米ソ代理戦争の側面も持つベトナム戦争が本格化すると、米軍は南ベトナムに地上兵力を投入し、神奈川の米軍基地は後方支援拠点の機能を果たしました。

神奈川新聞は２０１７年に「神奈川のベトナム戦争」という連載を展開しました。その中の「岸根の傷病兵たち」と題した記事によれば、現在は岸根公園（横浜市港北区岸根町）となっている場所はベトナム戦争当時は米軍「岸根兵舎地区」で、１９６５年12月、そこに野戦病院「第１０６米陸軍総合病院」が設置されました。

記事は「岸根には若い傷病兵が多く、特にやけどの患者が目立った」「軽症者は治療後、戦地へ戻っていった。重傷者は病状の安定を待って本国の病院へ送られた。ひつぎに入って帰国していった者も少なくなかった」と伝えています。

岸根公園は妙蓮寺からそう遠くない場所にあります。直線距離で1キロ半ほどでしょうか。そのためか、野戦病院に入院していた米兵たちがおそらくは散歩の途中に立ち寄るような形で、時々フラッと妙蓮寺にやって来たのです。

現在の岸根公園にあった米軍の病院に運び込まれるベトナム戦争の負傷兵＝1968年（神奈川新聞社アーカイブから）

彼らは20代前半。1人でやって来て、お寺や仏教について片言の日本語で尋ねてくるので、その相手をしていると「ベトナムにいた」とか「病院にいる」とか「精神的に疲れている」とかいう話が出るのです。見た目で分かる外傷のある人はいませんでしたが、誰もが寂しげな、不安げな表情をしていました。

彼らと接するなかで、私は彼らに戦場を感じ、戦争の生々しさをかぎ取りました。彼らにとっては、この一時の平安がとても貴重なものなのだと分かりました。お寺を去って行く若者の背中を見送っていると、「回復すれば、彼はまた戦場へ行くのか」というやりきれなさが湧いてきました。

大学の外では、米軍介入に反対する「べ平連（ベトナムに平和を！市民連合）」や学生らのデモが繰り返されていました。しかし大学最終学年を迎えた私は、そういう運動とは無縁に、病んだ米軍の若い兵士と静かな時を過ごしていました。

野戦病院は70年に閉鎖され、72年には兵舎地区が日本に返還されました。

スポーツ音痴の五輪

私の大学時代のもう一つの大きな出来事は、１９６４年の東京五輪です。私は大学２年生。「信行道場」での修行を終え、権僧都という位を受けていました。

運動系が得意でなく、スポーツ音痴で、野球のルールさえ満足に知らない私は五輪の競技にはほとんど関心がありませんでした。出場選手の名前で知っていたのは、マラソンのアベベ選手くらいでした。

では、何が記憶に残っているかというと、開会式を彩った航空自衛隊のアクロバット飛行チーム・ブルーインパルスです。少し詳しく説明しましょう。

開会式の10月10日は、素晴らしい天候でした。会場である国立競技場の空は澄みわたり、雲一つありません。江の島上空に待機していたF―86F戦闘機5機は、開通したばかりの東海道新幹線の新横浜駅上空などを通過し、東京・赤坂見附へ。午後3時すぎ、国立競技場上空に入った編隊は旋回と上昇、背面飛行などを繰り返し、紺碧《こんぺき》のキャンバスに5色の煙を吐き、五つの輪を描きました。

東京五輪の開会式会場の上空にブルーインパルスが描いた五輪のマーク＝1964年10月10日（神奈川新聞社アーカイブから）

この見事なショーを、私は妙蓮寺本堂裏の小高い丘から感激して見つめていました。と思っているのですが、本当に妙蓮寺から見たのか、それともテレビ中継を見た記憶なのか、今では定かではありません。

余談ですが当時のテレビは、60年にカラーの本放送を始めたばかり。東京五輪はテレビの世帯普及率を大きく押し上げましたが、白黒テレビが主流。しかし妙蓮寺では既にカラーテレビを購入していました。

そして、東京五輪で私がテレビ中継を見た唯一の競技は、エチオピア代表、アベベ・ビキラ選手が出場したマラソンでした。

彼は60年のローマ五輪に初出場し、はだしで42・195キロを走り抜け、世界最高記録で優勝。無名選手が〝はだしのアベベ〟として一躍、世界のスターになりました。東京ではシューズを履いて走りましたが、圧倒的な強さは変わらず、またもや世界最高記録で圧勝しました。

私が驚いたのは、ゴール直後のアベベ選手が、何事もなかったように、いきなり柔軟体操を始めたことです。インタビューでは「あと10キロ走れる」と言いました。その驚異的な強さは、銅メダルを取って奮闘した円谷幸吉選手の疲労困憊《こんぱい》ぶりと対照的でした。

私がアベベ選手に引かれたのは、異次元の強さだけではありません。グッと顎を引き、無表情に走る姿は、ランナーというより孤高の哲学者、求道者、修行僧のように見えました。彼は何のために、何を考えて走っているのだろうという問いが私の中に湧いてきたことを覚えています。

その後のアベベ選手は、不遇でした。交通事故で下半身不随になり、73年に41歳で病死しました。

　彼の名前を聞くと、人の世の栄枯盛衰、無常を思うのです。

父と2人で全国行脚

　この連載のために写真を整理していると、忘れていた日々がよみがえります。ここに掲載した写真は、1965年ごろに境内に造った温室で、大学生の私が写っています。

　当時の私は、お寺に人を集める方策をいろいろ考えていました。その一つとして「子どもたちに本物のバナナやパイナップル、さまざまな植物を見せてやりたい」と考えたのです。住職である父の了承を得て、花や植物に詳しい檀家の総代さんと相談、広さ100平方メートルほどの堂々たる温室を造りました。バナナに触れた子どもが目を輝かせているのを見て、父もとてもうれしそうでした。

　そんな父と大学生の私は、2人で全国を旅しました。といっても、父が全国の日蓮宗の寺院を回って指導する出張のお供。運転手兼かばん持ちです。

　日蓮宗の寺院は現在、全国に5100カ寺以上。僧侶の総数は、およそ8000人。宗派本部がそれを地域別に分けて管理・運営しています。神奈川県の地域は1部から3部ま

父が愛情を注いだ温室。今は跡地が第１斎場になっている

で。１部は横浜・川崎・相模原・座間の４市、２部は三浦半島と相模川以東に位置する計11市町、３部はその他の18市町村です。父は１部の代表（宗務所長）を務め、神奈川をまとめるだけでなく、さらに本部機関の役職にも就いていました。

そのため、ある時期から出張が多くなりました。各寺院を回って現状を調べ、展望を問い、その上でいろいろと助言し、指導します。私がハンドルを握って随行したのは、北は青森県から西は大阪まで。年に数回の出張でした。

元々無口な父と、口数が少ない私。道中はほとんど無言です。堅苦しく思われるかもしれませんが、私は父のかばん持ちが嫌いではありませんでした。

宗派本部から派遣される父は、現地ではＶＩＰ扱い。その仕事ぶりに接していると、妙蓮寺にいる父とは違って、堂々として頼もしく、宗派全体の将来を真剣に考えている姿が誇らしくもあり、「私も将来はこうなりたい」と憧れたものです。

私たちが宿泊するのは、主に割烹《かっぽう》旅館やホテル。夜は寺院の幹部や地元の名士らとの懇談で、卓上には見たこともない豪華な料理が並びます。といっても、私は列席はせず、別室で1人で頂くのですが。

ある時は、大相撲の巡業と出くわし、力士たちと一緒にちゃんこ鍋を囲みました。ごちそうもそうですが、普通ではできない体験を重ねました。父のおかげで、随分、見聞を広めることができたと思います。

夜の懇談の席には当然、お酒が出ます。父は日本酒党でしたが、並の酒量ではありません。1升（1・8リットル）はぺろりで、ある席ではお酒が足りなくなり、おかみさんが慌てて酒屋さんへ買いに走りました。

それでも酒席で乱れることなく、翌朝はケロッとしていました。他人に迷惑をかけることを嫌った父は、自分なりに限界を心得ていたのでしょうか。

「征太」改め「玄征」に

私は1965年の冬、幼名の山本征太から山本玄征に改名しました。大学2年の時でした。その体験で痛感したのは、名前を変えるというのは、簡単なことではないという事実でした。

「名」を変えることについては、戸籍法107条2項に「正当な事由によって名を変更しようとする者は、家庭裁判所の許可を得て、その旨を届け出なければならない」と定められています。ちなみに「氏」を変えることもできます（同条1項がその規定です）が、こちらは「やむを得ない事由」が必要で、条件が厳しくなっています。

もちろん、単なる個人的な希望や趣味、感情などで改名はできません。「正当な事由」では「神官・僧侶になる場合」が代表的な申し立て理由だそうですが、そこにも、やはり厳しい条件があります。

判例などによると、例えば「得度」や「度牒」を授与されたことの意義を十分理解しているか、僧侶にふさわしい人格・識見を備えるための心構えができているか、実生活における宗教活動が社会活動の主要部分になっているか、などが問われます。社会活動の「一部」では「正当な事由」になりません。

また、特定の寺の住職として寺を管理運営するのではなく、いわゆる〝在家出家〟で、僧侶になっても日常生活や社会生活に具体的な変化がない状況では「正当な事由」と認められません。要するに、僧侶としての実態が重要です。

私は、横浜市中区にある横浜家庭裁判所へ改名の申し立てに出向きました。姉が付き添ってくれた記憶があります。所定の申立書、戸籍謄本、改名の理由を証する資料など必要書類を携え、きちんと僧衣を着用し、緊張して臨みました。「妙蓮寺の跡取り」なので、審査の上での問題は特になかったようですが、担当者に、僧侶になる覚悟を厳しくただされました。裏返せば、僧侶というのは社会的に重要な職業で、人々の範になるべき立場であることを改めて認識させられました。

改名から12年を経て住職に就任した頃の私。
普段着の道服が板についてきたか

日蓮宗本山・池上本門寺の末寺である妙蓮寺の住職は「玄の字法類」といって、名前に「玄」を付けることになっています。私の父は幼名が「英太」なので「玄英」、私は「征太」なので「玄征」という訳です。

こうして、65年2月25日、家庭裁判所の証明（審判書の謄本）など必要書類をそろえ、港北区役所に「名」の変更届を提出し、受理されました。窓口で係の人が「征太」の字の上に線を引き、「玄征」と書き込むのを見ました。こうして戸籍も、その日から「山本玄征」となり、身の引き締まる思いがしました。

「得度」と「度牒」を経て、信行道場で35日間の修行も積み、そして改名。残る大学生活で必要な学科を履修すれば「行学二道」、つまり僧侶になるための修行と学問の双方を修めたことになります。

67年3月、私は立正大学を卒業し、僧侶としての道を歩み始めました。

弟が立てた秘密計画

私の5歳下の弟、山本進二は現在、妙蓮寺斎場を運営する有限会社橋の取締役を務めています。

先日、2人で話をしていて、大学生の私が信行道場で修行中の出来事を思い出しました。社会と遮断されて粗食に耐える私のために、中学生だった彼が一計を案じて、ある手紙をくれたのです。

その手紙には、こんな計画が書かれていました。「朝の掃除当番をする時、どこかの石の下にお菓子を隠しておきます。目印になる石を教えてください」

私が返事を送ると、弟は土曜日深夜にクルマで横浜を出発して、信行道場がある山梨県、身延山の久遠寺へ。運転してくれたのは、前に紹介した私の親友・村松克己君です。

約束の日の朝、いそいそと境内の掃除にかかりました。読経と正座の毎日が苦痛で、体を動かせる掃き掃除や拭き掃除がとても楽しみになっており、さらに「秘密の計画」が私の胸をときめかせました。手紙で教えた目印の石の陰には、ちゃんとビニール袋に入った袋が、草で覆って隠してありました。

何食わぬ顔で、懐へ。部屋に帰って袋を開けると、チョコレートなどのお菓子が入っていました。同じ部屋の仲間に、おすそわけしました。あのチョコレートのおいしかったこと！

その印象が強くて回数はあいまいなのですが、弟によるとこの「計画」は3度ほど決行し、隠し場所は木の根っこだったこともあるそうです。どこに隠すにしても、雨や霧でぬれるのが心配で、ビニールで包んだと言っていました。実に丁寧な仕事ぶりです。

私は幼少から寺の跡取りとして大切に育てられ、過激な運動や危険なことは禁止。それを運命と受け入れてはいましたが、制約の多さに時にはいらだちもありました。不満のはけ口がないのです。そして、自分ができなかった分、「弟には好きなことを精いっぱいやらせてあげよう」という気持ちになりました。

弟は中学時代にアイスホッケーを始め、高校時代はインターハイ3位、大学時代は「学生のオリンピック」とも呼ばれるユニバーシアードの候補選手にもなりました。そのきっかけは小学6年生の時、神奈川区の反町公園に隣接する神奈川スケートリンク（現在は施設命名権により「横浜銀行アイスアリーナ」）に私が連れて行ったことなのだそうです。

高校２年でインターハイに出場した進二（手前右）。
左胸にキャプテンマークの「C」

そして中学進学に当たって私と2人で話し合い、港北区にある日本大学中学（通称・日大日吉）を選びました。そこには当時、神奈川県内では数少ないアイスホッケー部があり、スケートに親しんでいた私たちには魅力的でした。

中学入学と同時にアイスホッケー部に入った弟の生活は変わりました。朝、慌ただしく登校して、昼は学校、夜は練習。帰宅は夜半になりました。朝が早い私と接する機会は徐々に減っていきました。

弟と共に走った日々

日本大学中学でアイスホッケーを始めた弟・進二は、めきめき腕を上げました。付属高校に進み、インターハイに主将として出場して3位、国体2位。アイスホッケーの強豪大学から誘いを受け、明治大学政治経済学部に進みました。

その頃、父は日蓮宗本部・宗務院の財務部長を務めていて、多忙を極めていました。寺にいることは少なく、大学卒業後は父の手伝いをしていた私に、あれこれと留守中の指示をしては出掛けていきます。寺の仕事も、5歳下の弟の面倒も、私の役目になりました。

アイスホッケーは、お金がかかります。選手が激突するので、他のスポーツと比べ、防

古河電工で活躍していた頃、国内遠征先での進二。27歳で同社を退社した

具が格段に多いのです。ヘルメット、首を保護するネックガード、肩と胸部を守るショルダーパッド、ひじ用のエルボーパッド、膝とすねを保護するシンガード、そしてスケート靴、グローブ、スティック…。ユニホームやチームでおそろいのバッグも入れると、相当な金額でした。

弟は先輩の〝お古〟を、よく使っていました。「野球部員は、擦り切れたボールの縫い目をつくろいながら使い回している」と言いながら、先輩の汗が染み込んだ、さまざまな使い古しを大事にしていました。

スポーツ選手に、けがは付きものですが、弟も大学1年の時、右腕を複雑骨折して入院しました。彼は今でも「あの頃は、経済的に随分兄貴に苦労をかけた」と言います。私はそれがやりがいで、私の務めだと思っていたのですが、弟は「だから、いいかげんなことはできない。応援してくれる兄貴や両親のためにも、アイスホッケーをとことんやろうと思った」そうです。

弟が長野県で夏の合宿を張っていた時、内緒で差し入れに行ったことがあります。何を持参したか、記憶は定かではありませんが、それをマネジャーに渡し、弟と顔を合わせることなく、遠くから元気な姿を確かめて帰りました。今考えると、私が身延山の信行道場で修行中、ひそかに潜り込み、チョコレートを届けてもらった恩返しだったような気もします。

弟は大学を卒業し、実業団アイスホッケーの強豪、古河電工に入社しました。チームの本居地は栃木県日光市です。入社3年ほどして、再びけが。脊椎の軟骨にかかわる重傷で、腰に痛み止めの注射をしながらのプレーは、もはや限界でした。著名な外科医による大手術を受けました。回復に時間がかかり、所属チームからは「マネジャーをやらないか」と提案されました。現役引退の時が来ました。

将来に苦悩する弟に、私は「俺の仕事を手伝ってくれないか」と声を掛けました。1981年に開設した妙蓮寺斎場の人手が足りなくなっていたのです。こうして、弟は私と仕事をすることになりました。

周囲によると、彼は今でも私への感謝を口にすることがあるそうです。しかし、私には

「進二と一緒に走ってきた」という満足感だけで十分なのです。

念願だった本堂建設

ここで、妙蓮寺の中核である本堂の建設について書こうと思います。

今の本堂は3世住職である父・山本玄英が計画を立て、多くの方のご協力を得て、1969年11月4日に落慶（完成）しました。着工日の記憶は定かではありませんが、寺に残っている棟札《むなふだ》（後述）によると、棟上げは67年12月。私が大学を卒業した年です。

それまでの本堂は、小さくて粗末な造りでした。古い木造小学校の校舎を思わせるたたずまいで、トタン屋根に塗った朱色が色あせていました。そんな本堂の新築計画は、祖父が住職だった戦時中からあったようです。木材を仕入れて加工しようとした頃、太平洋戦争が激しくなり、本堂の新築どころではなくなりました。仕入れた材木などは、境内につくった作業小屋に保管されました。父が新築に踏み切った時、長く保存されていた材木の一部は使用可能だったそうです。

寺社の建設は、普通の住宅やビル建設と違います。仏様神様が宿り、ご本尊をまつる建築物は、長い伝統を持つ宮大工ら職人と、彼らが磨き上げた技術に支えられています。流麗な曲線が特徴の屋根、きらびやかな装飾や彫刻、隅々まで正確にはめ込まれる部材、かんな・のみ・彫刻刀など古来の道具。それらによって生み出される、美しさと強靭《きょうじん》さを併せ持つ建築です。

　工事を請け負ったのは、港北区にある天野工務店。戦前から妙蓮寺とお付き合いがある会社です。寺は新築する本堂の規模、間取りなど要望と予算を提示し、工務店はそれに応じて設計案と見積書を作ります。それを受けて、寺は建設趣意書を作り、檀家さんらに説明し協力を求めます。総事業費は数千万円。寺が所有する不動産を処分し、檀家さんには寄進をお願いすることになりました。

妙蓮寺本堂建設時の棟札。重くて高所に付けておくと危険なので倉庫に保管している

　契約が完了して、地鎮祭です。檀家さんや地元の方々、市会議員や県会議員らが出席してくださいました。地鎮祭というと、神式のイメージをお持ちの方が多いでしょうが、仏式で執り行いました。

　いよいよ、着工。寺には、先ほど触れた棟札が保管されています。棟上げのとき、建物の建築・修築の記録・記念として、棟木や梁《はり》など建物内部の高所に取り付けるものです。サイズはいろいろだそうですが、妙蓮寺本堂のは縦約1メートル、横約50センチ、重量は10キログラム以上あります。工事の安全を祈願して、裏面には設計施工会社、工事監督、工事主任に始まって、基礎・瓦・木材・建具・硝子《がらす》・彫刻・石積み・畳・電気・左官・鉄・石・表具ら各工事責任者の名前が書かれています。

多い時には数十人の職人さんが入り、境内は大変な騒ぎでした。母と私は昼時と午後、お茶と茶菓子を出すのが仕事。父は留守がちでしたが、帰って来ると着替えもせずに現場にすっ飛んで行きました。現場を見るのが大好きでした。職人さんは、父がげた履きのまま歩き回るので、危ないとはらはらしたそうです。

良き時代の職人仕事

建設現場を見るのが大好きだった父は、折に触れて宮大工の棟梁《とうりょう》や副棟梁を連れ、川崎や横浜の寺院を見学に行きました。その造りをしげしげと見つめ、微妙な違いを指摘し、棟梁にいろいろと質問や意見をぶつけました。その後は、棟梁たちとお酒。自分が建てている本堂を〝さかな〟に、うれしそうな父の顔がまぶたに浮かびます。

先日、本堂の建設に携わったお2人の宮大工にお会いする機会がありました。1人は当時、副棟梁。もう1人は私と同世代で、まだ〝小僧さん〟でした。職人ならではの興味深い話の一端をご紹介しましょう。

本堂屋根工事の様子。瓦は愛知県産の「三州瓦（さんしゅうがわら）」を使った

宮大工の仕事は、木材の選定から始まります。時には山に入って、立ち木の状態でケヤキやヒノキの材質を吟味し、買い付けます。吟味するために幹に穴を開けたり、必要なら山ごと買うこともあるそうです。

続いて、木材を乾燥させます。十分に乾燥させないと縮んでしまい、組み上げた際に緩みが生じます。それでは、必要な強度を保つことができません。時には、1年以上乾燥させます。

元副棟梁は「妙蓮寺さんの柱に使ったケヤキは、とてもいいケヤキで硬かった。ノコで切ったら、煙が出たほどです」と話してくれました。

木材の加工に当たって、設計図をもとにした原寸大の型板を作ります。寺の建築は、屋根に象徴されるように曲線や反りが多い。それが特有の流麗さを生むのですが、美しさと強度を併存させるのが、また高度な技術です。

妙蓮寺本堂の4本のケヤキの柱も、丸柱です。周囲を測ったら、154センチありました。原木の太さは「少なくても柱の4倍は必要」だそうで、想像を絶する巨木です。それを8角に落とし、16角に落として、丸い柱に近づける。そのために、丸く削れるカンナを特注する――。

かつての小僧さんは独立し、現在は建築会社専務ですが、巨大なケヤキの柱を現場まで運び、立ち上げた苦労を覚えていました。「クレーン車やレッカー車なんてない時代で、ほとんど人力です。柱にロープをグルグル巻き付けて、それを5、6人で引いて、押して…本堂の前に階段がありますから、大変。1日で柱を1本立てるのが、やっとでした」

今や、柱の角を落とすのも全て機械。しかし、「機械と手作業では、明らかに差が出ます。手作業で削り込まれた木材は圧縮されて耐久性、防水性が断然、優れている。ひいては、仕上がりの色つやが全く違います」とも語ってくれました。妙蓮寺本堂には、古き良き時代の職人仕事が凝縮されているのです。

もう一人、強く印象に残っている職人がいます。欄間に「日蓮聖人一代記」の六つの場面を彫ってくださった塚田桂月さん。１９８０年に勲6等瑞宝章を受章した名工です。

本堂の落慶は１９６９年11月４日。戦争による中断を含めると、完成までに長い歳月がかかりました。

「日朝講」とにぎわい

妙蓮寺本堂の手前には屋外香炉と二つの天水おけがあり、その胴体に「日朝講奉納」と彫られています。今回は、日朝講《にっちょうこう》の話です。

講というのは、一般的に「同じ信仰を持つ人の相互扶助的な団体」ですが、金融機関としての役割を果たすものまで多岐にわたります。妙蓮寺の日朝講はもっと緩い組織で「妙蓮寺を愛する街のファンの集まり」くらいに考えてください。

講の名は、室町時代の日蓮宗僧侶・日朝（１４２２〜１５００年）に由来しています。日朝は祖山・身延山久遠寺の11世法主《ほっす》（宗派の首長）を務めた名僧で、〝学業の神様〟として親しまれてきました。妙蓮寺の1世住職・日體は日朝を深く敬慕し、寺には日蓮聖人のご本尊とともに、日朝をおまつりしています。その精神を継いだ私の父・玄英（3世住

境内が人で埋まった盆踊り。ちょうちんの数が盛況ぶりを示している

職）が戦後、講を作る際に「日朝」の名前を冠したのです。

既に書きましたが、妙蓮寺は現在の神奈川区にあった妙仙寺と、今の妙蓮寺の位置にあった蓮光寺が、1908年に合併して生まれました。妙仙寺が引っ越してきたわけですが、当時の蓮光寺はごく小さく、檀家は6軒ほど。新生・妙蓮寺は地縁も檀家もほとんどないところからスタートしました。

歴代住職は少しずつ地元に溶け込み、根を張り、人とのつながりを深めていきました。やがて街に鉄道が通り、人が増え、商店街が大きくなりました。

日朝講は檀家の集まりではなく、商店街の人や住民の組織です（後に檀家になった方もいらっしゃいますが）。それら地元の人たちが、寺の行事を手伝うようになり、やがて祭事などでたくさんの人を集めることで、商店街はうるおい、街は大きくなりました。

私が高校・大学生だった60年代が、にぎわいの最盛期だったのでしょう。境内で開かれた春の植木市、夏の盆踊りと朝顔展、秋の菊花展、11月には日蓮宗最大の行事である御会《おえ》式《しき》（日蓮聖人の命日の法要）、そして年越しの除夜の鐘…。

それらがどれほどのにぎわいだったかというと、例えば、植木市にはクレーン車が大きな松を何本も運び込み、数十万円の松が飛ぶように売れました。盆踊りは人で埋まり、電車が妙蓮寺駅に着くたびに、ちょうちんの明かりに引き寄せられた善男善女が電車から降りたって、引きも切らずに押し掛けました。御会式の夜は多くの万灯《まんどう》の灯が揺れて街を照らし、勢いよく打ち振られたのぼりが町内を練り歩きました。そんな渦中で、若い私も全身で燃えていました。

しかし、かつての高揚は、今は昔。現在、日朝講には100人ほどの人がいらっしゃいますが、少子高齢化が街と人々の様相を変えました。近隣の付き合いは薄れ、若者は寺に寄り着かず、祭りのような熱狂にも冷めています。コロナ禍で除夜の鐘を中止し、今、妙蓮寺の祭事は、規模を縮小した御会式だけになってしまいました。

初めての渡米と仏花

1977年4月17日、私は米国カリフォルニア州のロサンゼルス国際空港に降り立ちました。初めての海外旅行で、当時の檀家総代だった葛貫《くずぬき》政雄さんとの2人旅。目指すは、ロサンゼルスのダウンタウンにある米国最大の日本人街リトル・トーキョー。1週間の滞在で、米国人や日系人らの生活と宗教のつながりに触れ、将来に役立つ何かを得たいと思ったのです。

私は学生時代から、妙蓮寺の先行きに不安を持っていました。檀家だけに頼っていると先細りになるという危機感、若者たちの宗教離れ。寺が自立できる道を模索しました。戦後、なだれをうって流入した米国文化の洗礼を受けた世代の私は「米国は日本の10年先を行っている」とも思っていました。米国に行けば、日本の10年先が見えるのではないか…。同行してくれた葛貫さんは妙蓮寺とは長い付き合いで、私より13歳年長。本業は農家で、寺の行事のたびにさまざまな野菜を持ち込んでくれました。傍ら、花が大好きで東京・六本木の有名な花屋さんに勤めていました。農業は少しずつ家族に委ね、やがてその店の専務になりました。

当時、葛貫さんのお弟子さんで本庄さんという人がリトル・トーキョーの花屋さんで修業していました。私と葛貫さんがあれこれ話をしていて、彼の激励を兼ねて米国視察をしようじゃないか、となりました。リトル・トーキョーには日蓮宗の別院があるし、花は葬儀や法事に欠かせません。いろいろと勉強になるぞ、というわけです。

旅立ちは羽田空港から。成田空港が新東京国際空港として開業するのは翌年5月です。ロサンゼルス国際空港について、まずその大きさに圧倒されました。とにかく、米国は何もかもが、でっかい。私も葛貫さんも、英語は全くだめなので、2人して空港の広いロビーをうろうろしました。本庄さんがクルマで迎えに来るはずなのですが、右も左も分からず、ケータイやスマホがない時代。本庄さんと無事会えるまで心細い時間を過ごしました。

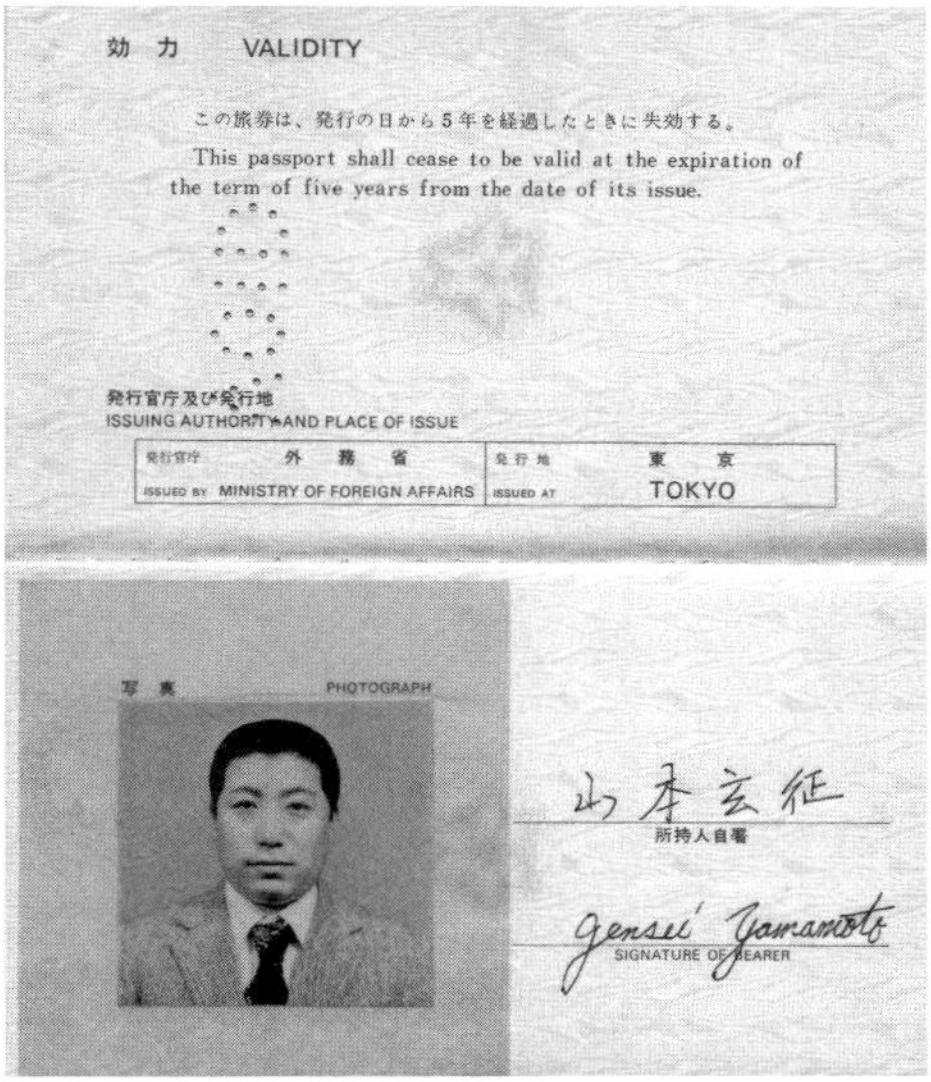

初めての海外旅行で作ったパスポート

宿泊先はリトル・トーキョーにあるホテル。私は肉があまり好きではないので、朝はずっと日本食にしました。

翌日、私たちは花の市場に向かいました。競りを見学し、花の種類の多さに驚きました。私はどうしても花といえば「仏花」をイメージします。仏様や仏壇に供える仏花としては、日本ではキク、キキョウ、カーネーションなどが代表的。とげや毒のある花、ツバキのように枯れるとバサッと落ちる花は嫌われます。

米国では普通の贈答と葬儀用の区別が日本ほど明確ではなく、とげのあるバラも、キクやユリなども贈答・葬式の双方に使われると聞きました。花の生け方も、米国はかなり自由です。「日本でも、仏花の種類や飾り方は、今後多様になっていくかもしれない」。その時に抱いた予感は、徐々に現実になりました。

父も来た米国別院へ

1977年に初訪米した私は、リトル・トーキョー視察の他に、日蓮宗米国別院への表敬訪問を予定していました。日蓮宗は海外布教が活発で、北米、南米、東南アジア、ヨーロッパに拠点があります。

日蓮宗米国別院があるのは、リトル・トーキョーからクルマで15分ほどの住宅街の一角。

流麗な曲線を描く木造の屋根がひときわ目立つ建物で、日蓮宗の北米〝開教〟発祥の地です。開教とは「まだ信仰のない地で教えを開く」、つまりは海外での布教を指す言葉です。19世紀後半、米国本土に移民として渡った日本人たちは鉱山や鉄道建設など過酷な労働に従事しました。そんな彼らの心の支えになったのが、信仰でした。1914年、リトル・トーキョーのホテルの一室で「北米羅府《らふ》日蓮仏教会」が旗揚げ。羅府はロサンゼルスの漢字表記です。後にシアトル、ポートランド、サクラメントにも日蓮仏教会が作られました。

しかし、第2次世界大戦が勃発。日本軍の真珠湾攻撃によって米国が参戦すると、日本人や日系人は苦境に立たされました。敵国に通じる者として収容所に送られ、財産と自由を奪われました。それでも、布教を担う開教師は、収容所で信仰を説き続けたといいます。戦争の時代

ロサンゼルスにある日蓮宗米国別院
（日蓮宗のホームページから）

を乗り越え、現在、北米には10の布教拠点があります。

日蓮宗米国別院は北米最大の拠点で、日米開戦直前の40年に日蓮宗総本山・身延山久遠寺から「身延山米国別院」の称号を与えられました。私が訪れた別院の本堂は70年に新築されたもので、落慶法要には日本から日蓮宗法主《ほっす》（宗派の長）が招かれました。その一行の中に私の父・玄英（妙蓮寺3世住職）もいたのです。

別院の方にその話をすると、驚いて落慶法要の写真を見せてくれました。父の姿を見つけて「父です」と指し示すと、非常に感激してくれました。

キリスト教の教会も視察しました。北米は土葬が圧倒的に多く、この時「エンバーミング」という言葉を初めて知りました。遺体を長期保存するため薬品による処理を施し、あるいは損壊した遺体をきれいに修復する技法です。エンバーミングをしてから葬儀、というのが一般的とのこと。長期保存はともかく、遺体の修復は、いずれ日本でも広がるだろうと思いました。

米国における宗教と仏教について、別院の方からいろいろと話を伺いました。若者の信仰離れが言われた時期もあったそうですが、祖先を敬う気持ちは普遍で、年齢を重ねるにつれて信仰に戻るという声を多く聞きました。愛する、悼む気持ちは古今東西変わりません。日本も、きっと米国と同じ道をたどるだろう――。

宗教に「末法万年」という考え方があります。釈迦の教えは残っているものの修行も悟りもない末世が1万年続き、今まさに末世だというのです。しかし、私は人間の信仰心は不滅と思っています。仏教は、廃れないと信じています。

父の死と地元への愛

１９７７年は春の初訪米に続いて大きな出来事がありました。11月に父・山本玄英が亡くなったのです。67歳でした。当時の父は静岡県清水市（現・静岡市）にある海長寺の住職で、妙蓮寺の「代務住職」という立場にありました。その間の事情を少し説明します。日蓮宗では祖山（総本山）の下に、七つの大本山があります。妙蓮寺は、大本山・池上本門寺の末寺です。池上本門寺の下に四つの本山があり、海長寺は四本山の一つ。妙蓮寺より格上の寺ということになります。

48年に妙蓮寺住職となった父は69年6月、海長寺の住職に就きました。世間的に見れば「昇進」です。二つの寺の住職を兼任することはできません。跡継ぎの私はまだ若輩者で、当面は父が海長寺に住みながら妙蓮寺の「代務住職」を務めることになりました。いわば

〝単身赴任〟です。

69年は妙蓮寺本堂が完成した年ですが、クルマ好きな私には東名高速道路が開通した年でもあります。私はクルマを飛ばして清水市を訪れ、何かと父に相談するようになりました。しかし、心中は複雑でした。本音を言えば、海長寺は敷居が高く、居心地が良くありません。母も、おそらく同じ気持ちだったでしょう。

そして8年が過ぎた頃、父は体調不良を訴え、清水市の市立病院に緊急入院。検査をすると、既に多臓器不全だったようです。何度か書きましたが、父の酒量はすさまじいもので、肝臓をはじめ、あちこちの臓器が故障し、糖尿病も進行していました。肺炎を併発した父は11月12日、入院1カ月ほどで亡くなりました。

私は何度か病床の父を見舞いましたが、海長寺を敬遠していた母は、一度も見舞いに行かなかったと記憶しています。

密葬・本葬は海長寺で行われました。しかし、そこは父が長年慣れ親しんだ地ではなく、長く親交を結んだ人たちの姿もありません。77年11月30日に父を継いで妙蓮寺4世住職になった私は、翌年2月、妙蓮寺で「お別れの会」を開きました。参列者は300人ほど。檀家さんや父と親しかった街の人たちなどです。

妙蓮寺では本堂で葬儀を営むのは代々の住職や檀家総代だけです。父が建設に心血を注いだ本堂で、私は初めて祭壇を作り、父の遺骨を抱いてあいさつしました。父が戦中・戦後の激動の時代を生き抜いたこと、地元の人たちのご厚情に支えられて妙蓮寺は山容を整え発展したこと、父はこの街が大好きだったこと——。話をしているうちに、胸が熱くなりました。

「お別れの会」の様子。私は先代住職（父）への敬意を示すため質素な麻の袈裟（けさ）と衣を着けた（中央、白い僧衣姿）

その後、なおらいの席で、皆さんの話を聞きしました。「住職（父のこと）は地元の人と話をするのが好きでな。みんなで夜通し酒を飲みながら話し込んだもんだ」「戦後間もなく、住職が進駐軍の払い下げのクルマを警察署に贈ったことがあったっけ」。私は、父が地元の人に愛されていたことを、ひしひしと感じました。いい供養ができたと思いました。

斎場造りと母の反対

1960年代、葬儀は亡くなった方の家で行われるのが普通でした。玄関に「忌中」と書いた紙が張り出され、手伝いの人たちが玄関や勝手口から慌ただしく出入りしました。

儀式そのものは葬儀屋さんが仕切りましたが、通夜から本葬にかけ、参列者にふるまわれる料理は隣近所の女性たちの手作りでした。彼女たちは手分けして料理を作り、ビールをテーブルに運び、お酒の燗《かん》をつけ、深夜まで後片付けに追われました。寒い夜、道案内のために懐中電灯を手に街頭に立ったのは、ご近所の男性でした。

つまり、葬儀を出す家はご近所に大変な苦労、ありていに言えば迷惑をかけていました。しかし自宅葬では、そうせざるを得ません。お互いさまではありましたが、遺族は〝負い目〟に感じたでしょう。私はそんな例を数多く見てきました。

やがて、時代が変わります。団地住まいが増え、少子高齢化と核家族化が進み、近所付きあいは希薄になりました。私は「これからは、従来のような自宅葬は難しいだろう。何か、お寺にできることはないだろうか」と思案しました。

ヒントは、結婚式場にありました。神前結婚式場や美容室、写真室を備え、披露宴までの全てが1カ所でできる便利さ。それを葬儀に応用したらどうか。寺が自前の斎場を造り、葬儀、花輪や生花、料理、お返しの品などを一元的に扱う。そうすれば、遺族はご近所に頼らず、あれやこれやの煩わしさから解放されるのではないか——。

住職を継いだ私は、このアイデアにのめり込みました。檀家制度に頼る従来の寺運営の先行きに不安を感じていたので、斎場は寺の新しい収入源の開拓になるとの期待もありました。幸い、妙蓮寺の境内は広く、斎場とともに、クルマ社会で必要とされる駐車場を造るスペースもありました。

完成直後の妙蓮寺斎場

それまで斎場と言えば、東京の都営・青山葬儀所くらいで、絶対数が足りません。民営の斎場は、まだなかったと思います。

寺が斎場を造って営業するという私の構想に、保守的な母は猛反対しました。由緒ある妙蓮寺が、檀家以外の人たちを相手にして「商売」を始めることに、また宗派を問わずに日蓮宗以外の人も利用できることに強い難色を示しました。

私は母の説得を諦め、押し切りました。将来にわたって寺を守り、存続させるためには、この道しかないという信念がありました。

私は青山葬儀所を視察し、葬儀会社、日本料理店、すし店、レストラン、生花店、葬儀で使う白黒のくじら幕や白い幕を扱う店、お返しの品を扱う店などを回って寺が運営する斎場への理解と協力を求めました。

81年、最初の妙蓮寺斎場がオープンしました。施設案内のパンフレットに、こんなキャッチフレーズを載せました。「悠々として心優しき殿堂」「社葬から家族葬まで　宗派問わず」。つたないコピーですが、心を込めて自作しました。

工夫を凝らした斎場

１９８１年に妙蓮寺斎場をオープンした当時、民営の斎場は神奈川県には例がなく、しかも寺の直営となると全国的にも珍しい存在でした。鉄骨造り平屋建て、面積３３０平方メートル、最大１２０席。多様な要望に応えられる大きな斎場です。８００人規模の社葬にも対応できるものでした。

それまでの視察と勉強で、細かい部分に気を使いました。例えば、斎場の外に飾る花輪

（最近は少なくなりましたが）の装着を容易にするために専用のパイプを設け、パイプは外から見えないように竹垣で隠しました。風が強くても「妙蓮寺の花輪は倒れない」と言われました。

また、斎場内には白い幕を張りますが、幕を留める鋲《びょう》を打つための「垂木《たるき》」を壁に付けました。こうすれば壁に傷はつかないので葬儀屋さんに気兼ねなく作業してもらえると思ったからです。その幕ですが、妙蓮寺斎場は大きな祭壇を作れるように床から天井までの高さが3メートル50センチあります。従来の幕では天井に届かないので、特殊サイズが必要になりました。これは業界で「妙蓮寺幕」と呼ばれ、後に「妙蓮寺の幕を張ることができれば一人前」と言われました。

斎場への荷物の搬入搬出を楽にするため、トラックの荷台と斎場の床を同じ高さにしました。これらのアイデアは「どの業者さんも、仕事がしやすいように」という視点から生まれたものです。私は「みんな、仕事の仲間だ」と思っています。

斎場のオープン直後は、人手がありませんでした。檀家さんから紹介された年配の女性が1人手伝ってくれましたが、30代後半になっていた私もビールケースを運んだり、片付けをしたりと動き回りました。寺の将来を考えて自分が始めたことですから、必死でした。

妙蓮寺斎場の落慶式の様子

船出はしたものの、最初から順風満帆だったわけではありません。大々的な宣伝はせず、頼りは口コミです。斎場に否定的な声は私の母からだけではなく、オープン後も聞こえてきました。しかし、もはや後には引けません。

当初は週に1回程度の利用で、先行きに不安を抱えていると、やがて利用件数が少しずつ増え、1週間の日程が埋まるようになりました。それが「1週間待ち」になるまでに、さほど時間はかかりませんでした。

ある葬儀が終わった時、遺族の女性が言いました。「ご近所の手を煩わせることなく、済ませることができました。本当に助かりました」。それこそが、私が待っていた言葉でした。間違えてはいなかった——。私は胸をなでおろしました。

斎場経営をリアルに見れば、寺の新たな収入源を模索する中で生まれた「場所貸し事業」

です。それがうまく運び、皆さんのお役に立つことができたようです。

その後、斎場は檀家さんとともに妙蓮寺の2本柱になり、89年には第2斎場を開設。2002年に亡くなった高秀秀信・元横浜市長の通夜では、妙蓮寺最多の約5千人が参列しました。

斎場は〝ベンチャー〟

妙蓮寺斎場は、民営斎場という点で画期的な施設でした。寺院直営となると、全国でもまれな存在でした。今風に言えば、「ベンチャー事業」でしょうか。妙蓮寺の成功を耳にした他宗派の幹部が、見学に来ることもありました。いささかの〝先見の明〟があったかもしれません。

もちろん、成功は私1人の力によるものではなく、多くの方々の強い意志と情熱、協力に支えられたものでした。斎場運営には葬儀社をはじめ、料理屋さん、花屋さん、お返しの品を扱う店など多くの業者さんが関わっています。とりわけ重要なのが、料理です。今回は妙蓮寺斎場の料理を担当した〝同志〟の話を書きましょう。

斎場の立ち上げから、手を携えてきた三つの会社があります。イズミ産業、木村商事、れすとらんトーホー。イズミ産業の主力商品はすし・仕出し、木村商事は結婚式場、れすとらんトーホーはお弁当です。

それまで、3社と特に親しかったわけではありません。私が斎場の構想を何度か話し、通夜や告別式での料理を請け負ってくれないかと相談した時、積極的に応じてくれたのが、その3社でした。

私は声をかけた数社の担当者を前に、寺直営の斎場を造る意義、コンセプト、見通しなどを語り、条件を示しました。「食の安全管理の徹底」「味はもちろん、料理に品格・高級感があること」「斎場に料理を運ぶだけでなく、配膳から片付けまで請け負うこと」「接客も仕事である」「食器は全て業者の持ち込みとする」。なかには「冗談じゃない。配膳や片付けなんて、料理屋の仕事じゃない」と席を立つ人もいました。

無理もありません。それまでは料理を風呂敷に包んで運び、置いていくだけでしたから。料理の運搬・配膳・片付けまでとなれば、その任に当たる人は長時間拘束されます。午後6時にお通夜が始まるとすれば、5時前に料理を運び込み、テーブルに並べ、片付けが終わるのは午後9時、10時。会社としては人件費、人員配置が難問になります。

私は、異なる会社に、その都度料理を発注するのではなく、数社に絞り込んで指定業者制にすることを考えていました。斎場の仕事は、いつ入るか分かりません。ほとんどが、突然です。それに対応するために、業者さんに無理を聞いてもらうこともあるでしょう。となると、急場でもいい仕事をする、誠意と力のある数社が結束した方がいい。少数精鋭で行こう――。

では、業者さんにメリットはあるのでしょうか。私は、斎場の先行きに自信を持っていました。斎場は時代の要請だ、必ず安定した需要がある。大人数が参列する通夜・葬式であれば、料理の注文も大量になる。これまた今風に言えば、寺と業者さんは「ウィン・ウィン」になれるということでしょうか。私の言葉に3社が「よし、やろう！」と腹をくってくれました。

妙蓮寺斎場は立地条件が良く、映画「迷走地図」（1983年公開）の撮影も行われた

〝すしトラック〟登場

妙蓮寺斎場の料理を受け持ってくれた3社の

うち、特に強い印象を与えたのはイズミ産業の創業者社長・山泉恵宥《よしひろ》さんでした。私と同世代ですが、生い立ちから事業展開まで、実にドラマチックなのです。山泉さんの話をまとめると、次のような歩みになります。

出身は山形県。高校を卒業し、すし職人を目指して上京しました。電車賃は高校の先生に借り、ボストンバッグには、母に買ってもらった1本の包丁が入っていました。

銀座のすし店で修業を積み、早朝は新聞配達のアルバイト。寝る間も惜しんでしつこいくらいに先輩に教えを請い、わずか数年で、すしの握り方をマスターしてしまいました。

そして独立。神奈川県内に、すし店を開業しました。一方で、近くの団地をターゲットにした、すしの出前（今風に言えばデリバリー）をＰＲする各戸へのポスティング作戦が大成功。本人は「あの頃は、馬車馬のように働いた」と回想していました。その後、すし店を増やし、県内某区の高額納税者にランクされたこともあるそうです。

しかし、50代で人工透析を受けるようになり、60代で車いす生活に。２０１５年に67歳で亡くなり、葬儀は妙蓮寺斎場で行われました。

斎場で一緒に仕事をするようになって、私は山泉さんの発想と行動力に何度も感嘆しました。最大級のびっくりは、ある大掛かりな通夜で、山泉さんが境内に〝すしトラック〟

を持ち込んだことです。

2トントラックを改造して作った板場（厨房《ちゅうぼう》）に数人の職人さんが乗り込んで、すしを握りました。斎場に入りきれない参会者は、屋外に張った大型テントに案内されます。「何とかして、みなさんに握りたてのすしを食べていただきたかった」と山泉さん。そこには、見たことのない通夜の光景がありました。料理の指定業者3社とは深いつながりができ、社長と私を含めた4人で、あちこちに旅行をしました。

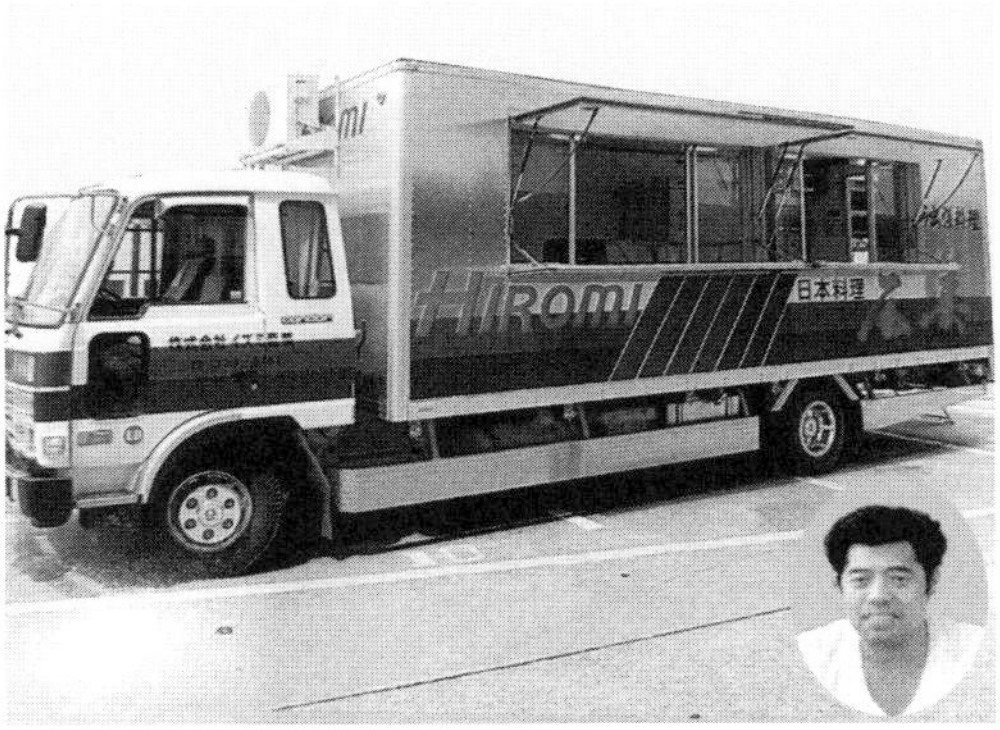

山泉社長（右下円内）が考案した〝すしトラック〟。1993年ごろまで活躍したが今はない

料理屋さんだけでなく、花屋さんも、葬儀屋さんも、妙蓮寺斎場を足場に成長していきました。大きな葬儀になると、使われる花の量も桁外れです。全国からカーネーションを集めたので価格が高騰したなどという〝伝説〟が生まれました。ある葬儀屋さんは、妙蓮寺斎場の床から天井までの高さ3メートル50センチをいっぱいに使って巨大な祭壇を作り、業界の話題をさらいました。

ここで「宗派を問わず」について、少し触れましょう。斎場は、葬儀の場所をお貸しする仕事です。私は日蓮宗だけでは利用数に限りがあると判断し、思い切って宗派の壁を取り払いました。

これまで、さまざまな宗派の葬儀が行われました。キリスト教の葬儀では、斎場に賛美歌が流れました。さらに言えば宗派だけでなく「民族・国籍」も問いません。在日コリアンの方の葬儀では、斎場が民族衣装のチマチョゴリと「アイゴー」の嘆きであふれました。

悲しみはさまざまに

私は僧侶であり、斎場の運営者でもあります。そのため、さまざまな忘れ難い別離に出合います。

何と言ってもつらいのは、幼くして亡くなったお子さまの葬儀です。小さいひつぎにすがりつく両親の嘆きは深く、胸が詰まります。しかしプロの僧侶としては心を乱してはなりません。一心にお経を上げ、成仏を祈ることに集中します。斎場のスタッフも、常にも増して心を込めて遺族に寄り添います。

逆に、母親が亡くなったことを理解できない幼子がはしゃいでいる姿も、また悲しいものです。

2021年は東日本大震災から10年の節目でした。妙蓮寺の檀家さんのご家族にも大震災の犠牲者がいらっしゃいました。福島に住む女子大生はクルマで避難する途中、大津波にのみ込まれて行方不明になりました。捜索は難航。彼女がつけていたネックレスだけが奇跡的に見つかり、その年の9月、葬儀が妙蓮寺斎場で営まれました。行方不明のまま、お骨のない葬儀で、私は無心にお経を上げました。

5年前には身寄りのない末期がんの高齢女性に「私のお葬式を出して」と頼まれ、斎場を運営する有限会社橘の土屋光廣社長（右）が喪主を務めた。私（左）は僧侶として読経した

振り返れば、妙蓮寺斎場ではこれまでに数多くの事故の犠牲者を送ってきました。520人が亡くなった群馬県御巣鷹山の日航ジャンボ機墜落事故（1985年）では3人の犠牲者を弔いました。その他、地下鉄日比谷線の中目黒駅構内での列車脱

線衝突事故（同5人、2000年）、長野県軽井沢のスキーバス転落事故（同15人、16年）…。事故が大きければ、多くの場合、犠牲者の中に横浜市をはじめ神奈川県にゆかりの方がいらっしゃいます。

事件の犠牲者の葬儀も執り行いました。16年に発覚した横浜市神奈川区の病院で起きた入院患者の連続不審死が思い出されます。同区は隣り合わせの区なので、事件として扱われる前ですが、被害に遭われた可能性のある方々のご遺体をお預かりしました。その後、逮捕者が出て、起訴されましたが、真実はまだ分かりません。

若くして自ら命を絶った中学生や高校生の葬儀も、つらいものです。多くの学友が参列し、泣いているのを見ると、ふと考えてしまうのです。「彼は孤独だったと聞いているが、こんなに多くの同級生たちが集まり、肩を抱き合って悲しんでいる。もしかしたら、その中に彼の苦しみを分かち合える友達がいたのではないだろうか」と。

妙蓮寺斎場での葬儀で、私が僧侶として関わることは、あまり多くありません。斎場スタッフとして葬儀屋さんと協力して、時に葬儀に〝演出〟を加えることがあります。ある中学の陸上競技部員の葬儀は忘れることができません。

彼は将来を期待された短距離走者でした。葬儀屋さんの発案で、妙蓮寺境内に陸上競技のトラックを模したコースを石灰で引き、スタート地点を設けました。ゴールではなく、スタートという設定に「彼はこれからも走り続ける」と考えた葬儀屋さんの思いがにじむ出棺になりました。

自慢のアイデアも…

１９８１年にオープンした妙蓮寺斎場（第１斎場）の利用件数は、順調に伸びました。社会のニーズに応えられたことと、同種の施設が他になかったためでしょう。やがて応じきれなくなったので、第２斎場を造ることになりました。

当初は第１斎場の隣に造る案でしたが、私はこういう施設は隣り合わせにしない方がいいと思いました。それまでの経験で、二つの通夜や葬儀を隣接した場所で同時に行うと、いろいろな事情を抱えてナーバスになっている遺族同士に混乱を招き、トラブルが起きやすいことを知っていました。遺族にとっても僧侶にとっても葬儀社にとっても、斎場の隣接は避けようという結論になりました。

幸い、妙蓮寺の境内は広い。第１からは見えない角の傾斜地に建てることになりました。第三者に貸していて、当時は遊休地だったのです。第２斎場の構造は鉄筋コンクリート造

オープン直後の第２斎場外観

り2階建て。1階に式場と遺族や僧侶の控室、2階にお清めの部屋（会食室）を設けました。式場の椅子席は、第1斎場より、いくらか少ない100。妙蓮寺第2斎場は、元号が平成に変わった89年にオープンしました。

先に第1斎場には葬儀社さんたちの便を考えて工夫を凝らしたと紹介しました。第2斎場建設に当たっても、第1斎場の反省を踏まえ、さまざまなアイデアを取り入れました。最大の特徴は、斎場内に幕を張る際の仕掛けです。

第1斎場で幕を張る際、幕を鋲《びょう》で止めるには「垂木《たるき》」を使い、直接壁に鋲を打たないようにしていました。第1斎場の天井は床から3メートル50センチ。その高さいっぱいに幕を張るには、脚立に乗る必要があります。ある時、菊名葬儀社の黒澤一雄社長が脚立に乗って幕張りをしていて、足を滑らせて落下。脚を骨折しました。同社は、妙蓮寺と長い付き合いがある会社です。

新しい第2斎場の天井高も3メートル50センチ。脚立に乗らずに作業できる方法がないだろうか…。私は知恵を絞りました。劇場の舞台幕がヒントになりました。スイッチ一つで、張った幕が自動的に昇降すれば、床にいるままで作業できます。特注工事にはかなり費用がかかりますが、仕事仲間の安全のためです。おそらくは、全国でも例がないであろう、斎場用の〝自動幕張り昇降機〟が第2斎場に取り付けられました。私はこの装置に胸を張り、斎場の見学者に自慢しました。

ところが、しばらくして、作業に当たる人たちの評判があまりよろしくないことが分かりました。新装置が、思ったようにはスムーズに動かず、使い勝手に問題あり、というのです。改良の余地を検討しましたが、通夜や葬儀は、待ったなし。悠長にテストしながら幕を張ったり外したりしている余裕はありません。

鳴り物入りで導入した昇降機でしたが、数年後、斎場をリフォームする際に取り外しました。今では簡素化が進み、幕を張らない葬儀が主流になっています。

大きな厨房造ったが

私はかねて、通夜や葬儀で温かい料理をお出ししたいと思っていました。料理屋さんが精魂込めて作った料理も、残念ながら、斎場に運ぶまでに冷めてしまいます。

そこで、念願をかなえようと第2斎場には本格的なレストラン並みの大きな厨房《ちゅうぼう》をしつらえました。食器も、かなりぜいたくなものをそろえました。しかしながらこれも私の思いばかりが先行し、挫折します。

短時間で上等な料理を温かいうちに提供し、利用者を効率よく回転させるという思惑は外れてしまいました。洋食は、中華料理のように大皿に盛った料理をテーブル中央にデンと置くわけにはいきません。料理ごとに、一人一人、丁寧なテーブルサービスが求められ、手間暇がかかります。

短時間勝負という目算も狂いました。火葬場が遠方にあると、渋滞が発生するなどの道路事情で、参列者がいつお清めの部屋（会食室）に戻って来るか予測がつきません。悪くすると、料理人が腕を振るった料理は冷めてしまい、待機時間が長く、人件費がかさんでしまいます。予定通りに進まないことが、致命傷でした。大人数相手なら、影響は甚大です。「住職（私のこと）の夢をかなえてやろう」と張り切っていた料理屋さんも、ついに音を上げてしまいました。

１９８９年の第2斎場オープンとともに始めた高級コース料理の提供は、わずか半年ほどで頓挫し、元の「仕出し」に戻ることになりました。

第２斎場の式場

しかし、厨房設備は残してあります。夢は諦めていません。今でも、ごくたまに厨房の鍋に火が入ることがあります。限られたお客さまに、温かい茶わん蒸しなどをお出しすると「おいしい！」と喜ばれます。食の喜びと感謝。私はそれがとても大切だと、常々思っています。
ちょうどその頃から、横浜市内に斎場が増え始めました。葬儀会社が自前の斎場を持ち、それぞれが独自のアイデアを展開。さらに大手の冠婚葬祭互助会が斎場運営に参入し、個性的な葬儀を手掛けるようになりました。となると、斎場の区別化が始まります。

やがて妙蓮寺と付き合いのある葬儀社、メモワール社の渡邊正典さん（現・同社社長）が社葬のスタイルを研究・確立し、それを受けて「妙蓮寺＝社葬」のイメージが強くなりました。もちろん、社葬を専門にしているわけではありません。妙蓮寺斎場は、横浜市内に150社ほどあるお得意さまの葬儀社の、日々のご利用に支えられています。

89年には、もう一つ重要な出来事がありました。斎場の運営を寺の直営でなく、子会社に委ねたのです（有限会社「橘」の前身です）。現在、私の右腕である橘の社長・土屋光廣君は、子会社で働くアルバイトの大学生でした。卒業後に正式入社し、2010年の「橘」設立と同時に社長に就任しました。

茶髪・ピアスの若者

ここで私の右腕である有限会社橘社長の土屋光廣君のことを書きます。

土屋君は私より二回り以上若い、54歳。4年制大学の新卒者が、葬祭業界に入ることが珍しかった1990年に神奈川大学経済学部を卒業した土屋君が入社してくれたことを、私はとてもうれしく思いました。「君が頑張ってくれれば、ゆくゆくは、上場企業に負けない待遇をするから」と約束したものです。

土屋君との出会いはそれよりも前です。妙蓮寺近くに私の親族がやっている飲食店があって、大学生のアルバイトがいました。親戚の店なので、私はちょくちょく様子を見に行きました。いつの間にか、彼は店を切り盛りするようになっていました。いかにもその時代らしい、茶髪・ロン毛・ピアスの若者は労をいとわず動き、気配りもできます。それが土屋君でした。

私は彼が気に入って、妙蓮寺斎場も手伝ってもらうことになりました。彼は学業、飲食店、斎場の三足のわらじをこなし、朝から晩までよく働きました。当時、彼が「収入があるので、実家（静岡市）からの仕送りを断った」と話していたのを覚えています。彼は卒業と同時に、茶髪とピアスのままで妙蓮寺の子会社（後の橘）に入社しました。外見より、人間は中身です。

お寺や斎場は敷居が高く、入りにくい。私はかねて、お寺を親しみやすくしたいと思っていました。それには、まず人が集まる場所にしなければなりません。明るく、気のいい土屋君は、その役を自然体で担ってくれました。

みるみるうちに地元の葬儀屋さんと仲良くなり、仲間が増え、いつしか斎場は〝たまり場〟になりました。私もその中に入って、一緒に飲んだり、語ったりして、ネットワーク

土屋君（右）と境内の雪かき。「汗をかくときはみんな一緒に」が私のモットー＝2016年１月18日

を広げました。それは当然、仕事にも好影響を与えました。

私は、土屋君に細かい注文は出しませんでした。ただ、仕事をする上で「優しさと誠実さを忘れるな」と言いました。やがて斎場の運営、メンテナンス、人事、採用などを彼に任せるようになりました。私たちが、よく話し合ったのは斎場の将来像、グランドデザインです。斎場を魅力的にするには、どうしたらいいか。今後の市場開拓の余地はどこにあるか―。

２００８年、試練が訪れました。リーマンショックです。金融危機と株式市場の大幅下落によって、日本経済も一気に冷え込みました。斎場、とりわけ社葬の利用が減少しました。

善後策を検討した結果、第1斎場は社葬中心で残し、第2斎場を改造して高級感のある家族葬に特化することにしました。社葬は減っても、家族葬はむしろ増えると見込みました。

しかし、改造には多額の資金がかかります。折からの不況で、社内には反対の声もありましたが、私と土屋君は生き残リのためには必要と判断しました。改造によって、第2斎場の利用数は伸び始め、危機を脱することができたのです。

母の急死にぼうぜん

母との別離は突然、やって来ました。1996年1月8日。正月の松が取れた日、母シヅは急性心不全で他界しました。享年83。67歳で亡くなった父と比べれば長命ですが、私は父の死よりはるかに強い衝撃を受けました。父のように体を壊して入院することもなく、最期の日の朝もいつも通り元気だったのです。

私はうろたえ、なすすべがありませんでした。そのわけを、つづります。

母は寺とは縁のない家に生まれ、育ちました。伊勢佐木町にあった松屋デパートの花形職場に勤めていて、若き日の父が見初めたと聞いています。

僧侶という全く未知の世界の家に嫁いだ母は、大変な苦労をしただろうと察します。伝統やしきたりを重視する生活に当惑し、悩んだことでしょう。

しかし、私が知る母は愚痴をこぼさない、芯の強い人でした。お寺は職住一体なので、来客へのお茶出しなど、こまごました用事はいっぱいあります。いつも着物姿で、表に出

母の遺影

ることを嫌った母は、境内やトイレの掃除など地味な仕事を黙々とこなしていました。裏方に徹していたともいえるでしょう。妙蓮寺と長年付き合いのある業者さんでも母と会ったことがない人が多かったことを、母が亡くなった後で知りました。

同時に母は気が強く、ずけずけと物を言う人でもありました。私は小さい頃から「他人に後ろ指を指されないように」と育てられました。留守がちの父に代わって、妙蓮寺という大きな寺を守り、跡取りの私を無事に育てる責任を一身に負って、母は懸命だったのでしょう。しかし私はそこまで思い至らず、年齢を重ねるごとに、母を煩わしく感じることが増えました。

母は、私には過保護でした。食事、洗濯、日用品の買い物、服装など身の回りのことを全てやってくれました。〝純粋培養〟された私は、それを疑問視する思想も行動力も持っていませんでした。

ある人は言います。「お母さんにとっては、住職（私）はいつまでも子どものままなんですね」。白状しますと、母が亡くなるまで、私はシャツや靴下、下着を自分で買ったことがありませんでした。洗濯機の使い方も知りませんでした。

父が亡くなり、私が住職になると、母の小言が増えました。お酒を飲んで帰ると「あんた、そんなことをしていると、いつかお寺をつぶすよ」、斎場を造ることに強く反対して「あんたにお寺を任せたのは間違いだった」。私が斎場の仕事を任せていた土屋君に「あんな男（息子である私のこと）と一緒にいると、いいことないから、会社やめな」と言ったこともあったそうです。

善きにつけあしきにつけ、〝私をつくった〟人が、ある日、急に目の前からいなくなってしまいました。ぼうぜん自失。初めて、母の存在が大きかったことに気づきました。時すでに遅く、押し寄せてくるのは後悔の念ばかりです。

喪失感と後悔で号泣

母は妙蓮寺の庫裏（住職や家族の居間）で、私の部屋の隣に住んでいました。寺の運営について、母が権利証やはんこを管理していましたが、表に出ることを嫌っていました。

例えば妙蓮寺斎場を運営する子会社勤務の土屋光廣君も年に1度、母の顔を見るかどうかだったと言います。彼がたまに目にする母は「髪と身なりのきちんとした、姿勢のいい、凛《りん》とした印象」だったそうです。ただ、ほとんど姿を見ないことから、土屋君たちは母を「大奥」と呼んでいたとか。

どうして、母は表に出ることを嫌い、人を避けるようになったのでしょうか。私は、寺を守るためだったと思っています。大きな寺にはさまざまな関係者がいて、時として利害や損得がからみ、何らかの思惑が生じる場合もあるでしょう。あるいは、寺を巡るトラブルの実例を見聞きしていたのかもしれません。女だからとばかにされないようにしなければ――。「寺を守る」一念に凝り固まった母が、防衛本能から人間に対して疑心暗鬼に陥ったとしても無理ないと思うのです。

ですから、母には友達と呼べる人がおりませんでした。趣味は、日本人形のパーツを買って、組み上げることくらい。孤独と不安のなかで、あれこれと私への小言や注文が出たのでしょう。私は、それを煩わしく感じていました。「もっと大事にしてあげればよかった」と気づいた時は遅かったのです。

妙蓮寺本堂で行われた母の通夜は盛大でした。ひときわ目立ったのが、檀家総代さんが本堂前にしつらえてくれた、かがり火を模した大きな生花です。檀家さんや寺院、葬儀社の方など多くの人が参列してくださいました。施主である私は、心を込めてお経を上げました。

通夜が滞りなく済み、人が去りました。私は本堂を出て斎場に向かいました。本堂には上がれなかった土屋君や社員が迎えてくれました。彼らの顔を見た瞬間、それまでの緊張が解け、複雑な思いが一気に噴き出しました。喪失感、悲しみ、後悔、感謝。私は、思わず号泣しました。みんな、一緒に泣いてくれました。

私は母の死後、しばらく母の部屋に入れませんでした。同時に当惑の日々が始まりました。洗濯機の扱いを知らず、買い物をしたこともなく、日常のあれこれを他人任せにしてきた〝つけ〟が回って

写真嫌いだった母の貴重な１カット。1974年、取り壊す前の古い庫裏の前での記念写真。前列左端が私、１人おいて母、その右隣が姉、その後ろ（後列右端）に弟

きました。あれはどこにあるのか、これはどう処理するのか。下着を買うために土屋君が同行してくれ、食事などは社員や土屋夫人たちが助けてくれました。

思えば、必要なものはデパートの外商担当者が来て、そろえてくれていたのです。母を失って、52歳の私は100円ショップを初めて知りました。しばらくは、カルチャーショックに襲われました。周囲は「お母さんを亡くしてから、住職は少し変わった。以前にも増して、周りの人と接する機会、一緒にいる時間が増えた」と言います。

やんちゃな新入社員

寺の境内に二つの斎場を造ったことで、私の世界は広がりました。斎場が増えるとともに、斎場を運営する子会社（現在は有限会社橋）の社員も徐々に増えました。現在は土屋光廣君を社長として、10人の従業員が働いています。

1990年入社の土屋君には斎場の仕切りや橋の人事も任せています。私は細かいことはあまり言いませんが、節目では意見を求められます。例えば、人材の採用。長い付き合いになる新しい仲間を迎えるのですから、当然でしょう。

土屋君が連れて来る人は〝苦労人〟が多いようです。仕事でつまずいてしまった人、社会にうまく溶け込めない人、幼子を抱えて苦闘しているシングルマザー、夢破れた元プロミュージシャン（土屋君もミュージシャンで、今でもバンドのベーシストです）。

私は、人間を差別しません。それが「坊さんの基本」だと思っています。絶対的なワルとか、どうやっても救いようのない人間というのは、そんなにはいないものです。誰でも、どこかに、必ずいい点があります。それを見つけて、伸ばしてあげる。そして、相手を思いやる心を芽生えさせ、育ててやりたい。

1997年当時の子会社（現・橘）の社員ミーティングの様子。右側奥から２人目が土屋君

ある日、土屋君が20歳の〝元暴走族〟（以後、A君とします）を連れて来ました。土屋君の中学の後輩でした。人懐っこく、気だてはいいのですが、いわゆる〝やんちゃ〟で、体が大きく、一見すると、かなりのこわもてでした。

しかし、私は土屋君を信じています。全く見込みのない人間を私に紹介するわけがないと思い、土屋君に「好きなようにやってみろ」

と言いました。私はA君の入社を祝うバーベキューを企画しました。私がしたのは、それくらいです。

土屋君は、A君の面倒をよく見ました。「毎日出社する」「遅刻しない」など社会人としての基本を我慢強くたたき込みました。A君が出社しなければ自宅に迎えに行き、襟首を捕まえて会社まで引っ張ってきました。

土屋君は当時を振り返って「あの頃は、まるで幼稚園でしたね」と笑います。土屋君は、根っこの部分でA君を信じていたのです。

A君は純粋で、まじめなところがありました。パソコンの使い方や経理の実務を教えると、夜中までコツコツと勉強しました。その集中力、吸収力に感心しました。もともと〝地頭〟が良いのでしょう。見る見るうちに、会社の実戦力になりました。

たまには土屋君とA君たちが酒を飲む席に私も加わり、彼らの話を聞き、私の話をしました。A君の笑顔が、まぶしかったことを覚えています。

その後、A君は独立して起業し、今や小さいながらも会社の経営者です。私たちに感謝したA君の母親は、妙蓮寺の檀家さんになりました。

若者が育っていくのを間近に見るのは、とてもうれしいものです。巣立ちは、少し寂しいですが…。

それぞれに事情抱え

妙蓮寺斎場を運営する有限会社橋（土屋光廣社長）の社員の中には入社前、それぞれ〝事情〟を抱えている人もいます。

3年ほど前、橋の社員が1人、病気で休職しました。人手が足りず、斎場の運営に支障をきたしました。そこで私と土屋君の頭に浮かんだのがB君でした。B君は他社で葬儀関係の仕事をしていたのですが、体調を崩して退社し、フリーになっていました。

私たちは、その誠実な仕事ぶりや温厚な人柄をよく知っていました。土屋君が「うちに来ないか」と誘いました。彼は「土屋さんの頼みなら」と快諾し、橋に入社しました。6年ぶりの現場復帰でしたが、もともと、葬儀全般に精通したプロですから、すぐ重要な戦力になりました。今は斎場の責任者です。

入社後、しばらくして土屋君がB君に橋の感想を聞きました。彼は「住職と橋の人は、どんな人間にも温かく、家族のように気に掛けてくれます。住職の包容力に救われました」と話したそうです。

橘の社員とともに妙蓮寺の永代供養墓に回向する私（右端）＝2021年

この業界がユニークなのは、かつてB君が在籍した会社の社長がB君のその後を気に掛け、橘入社を祝福してくれたことです。

さて、橘の女性社員について書きましょう。彼女たちは仕事だけでなく、家事万端を学び、修業します。多くの人が集まる法事は絶好の機会。参加者へのあいさつ、座布団やお茶の出し方、料理の供し方。時には私の姉が協力し、口やかましいほど礼儀を指導しました。幼子を抱えて奮闘したシングルマザーの社員は「改めて花嫁修業した」と笑います。幼子は大学を卒業し、今や立派な社会人です。

私が常に社員に言うのは「相手の立場に立って考えよう」ということです。「そういうやり方をしたら、ご遺族は、檀家さんは、葬儀屋さんは、花屋さんはどう感じるか」。想像力を身に付け、思いやりの心を養うことが何よりも大切です。当節、どこの世界を見ても、自分本位で思いやりに欠ける人が多いようです。

私は、争いごとを好みません。人それぞれに考え方があるでしょうが、私が謝って済むなら謝ります。あるいは、ほどよくだまされたふりをして、落着させます。だました方も後ろめたいはずですから。損得や勝ち負けは、二の次です。

その意味で、妙蓮寺の手伝いをしてもらっている、よこはま第一法律事務所の岩田武司弁護士の言葉は示唆に富むものでした。

「争いごとで勝ったとしても『完勝』は良くない。相手を『完膚なきまでにたたきのめす』と必ず禍根を残す」。やりすぎるな、取りすぎるな。私は、なるほど得心しました。逆に、相手のことを思いやって行動していれば、いつかはその相手が助けてくれることもあるでしょう。

そういった私の体験や見聞のあれこれを、折に触れて橘の社員に話します。すると、やがて彼らは私の意をくんで、私が嫌うことをしなくなります。

山田さんの〝優しさ〟

妙蓮寺の不動産運用と斎場運営を受け持つ子会社（現在の有限会社橘）について、山田貴美男さん抜きに語ることはできません。１９９７年、横浜銀行（浜銀）から出向し、不動産にかかわる仕事で貢献してくれました。

山田さんの出向の背景には、同年９月の「新総合土地政策推進要綱」の閣議決定があります。「地価抑制」から「土地の有効活用」への転換でした。土地取引を活性化するために、規制緩和が進められることになったのです。

妙蓮寺は所有する土地が広く、その運用は斎場とともに子会社の仕事でした。しかし当時は専門知識を持つ社員がおらず、この機に、旧知の浜銀幹部に人材あっせんを頼んだのです。

山田さんは、歓迎会の席上、こう言いました。「私の歓迎会なんかどうでもいいから、全員、明日から定時に出社しろ」。当時はそのあたりからしてルーズでした。ましてや不動産の帳簿管理など、まさに丼勘定で済ませていたのです。

山田さんは、いつもビシッとスーツとネクタイ姿。日本経済新聞を愛読し、仕事もシビアでした。例えば、橘が所有するビルの一室で商売をしていた人が、商売不振で家賃を数カ月滞納していました。山田さんは、執拗《しつよう》に電話で督促。土屋君たちには、あまりにも非情に見えたようです。

しかし、それは山田さんの優しさでした。今、店を畳めば、人生をやり直すことができる。が、これ以上借金が増えたら、もう立ち直れない。傷が浅いうちに商売を諦めさせるのも大家の仕事だ――。山田さんの着任後1年もたたないうちに、不動産業務は見事に整理されました。

橘の発展に大きな貢献をした山田さん（手前）

威厳のある山田さんは、やや近づきにくい雰囲気を持っていましたが、性格は温厚でした。いつしか、愛読紙は日経からスポーツ紙に変わっていました。山田さんから「威厳」がそぎ落とされ、親しみやすさを生んだようです。

山田さんは斎場運営にも関わりましたが、すぐに「斎場は土屋君に任せるよ」と言いました。お寺や斎場業務は人間の死にかかわり、残された人間の〝情〟や〝気持ち〟にからむ部分が多い仕事です。山田さんは「世の中には、原理原則や数字では処理しきれないことがあるんだな」とつぶやいていました。

その後、山田さんは浜銀を定年退職し、橘の取締役に就任しましたが、間もなく、がんに侵されました。ある日、土屋君に「俺、ぼちぼち死にそうなんだ。葬式のことはC君に頼んだから」と漏らしました。C君は、山田さんが最も手を焼いた橘の社員でした。2016年11月5日、山田さんは亡くなりました。享年67。受付をはじめ、葬儀での人員配置、お清めの席での料理、お返しの品まで完璧に手配してありました。

現在、橘の社長として不動産部門も見ている土屋君は「不動産の仕事は、全て山田さんに教えていただいた」と感謝しています。

港北区仏教会のこと

現在、日本には約7万5千に上る伝統仏教の寺院、教会、布教所があり、それらの多くはいずれかの宗派や教団に所属しています。その中の主要な59の宗派、37の都道府県仏教会、10の仏教団体の計106団体が加盟して全日本仏教会を結成しています。日本の伝統仏教界における、宗派を超えた唯一の連合組織で、妙蓮寺もその一員です。

神奈川県の場合は、全日本仏教会の下に神奈川県仏教会、その下部組織として横浜市仏教会、さらに妙蓮寺が加盟している港北区仏教会があります。

港北区仏教会は現在、久米真浩住職（浄土宗泉谷寺＝港北区小机町）を会長に47カ寺が加入していて、これは市内最大の規模です。

今でも交流が続く安藤海潤住職（右）と私

私は2006年4月から12年3月まで、港北区仏教界の会長を務めました（2年任期で3期）。実務を取り仕切る事務局長は、日蓮宗常真寺＝同区新吉田町＝の安藤海潤住職（51）が務めてくれました。安藤住職の父（常真寺の先代住職）は私と同世代ということもあって古い〝近所付き合い〟で、安藤住職はその幼少時から私の息子のような存在でした。私は33歳で妙蓮寺の住職になりましたが、彼も33歳で常真寺住職を継いだという共通点もありました。

私は表に出るのがあまり好きではなく、人前で話すのも苦手です。なので初めは会長職を固辞したのですが、周囲が安藤住職を「あなたが事務局長を引き受けてくれれば、山本玄征さんは会長職を断らないだろう」と説得。結局、2人セットで会長と事務局長に就任したのでした。

港北区仏教会の仕事は、大きく分けて社会奉仕と研修会です。前者の代表的なイベントが、お釈迦《しゃか》さまの誕生日（4月8日）を祝う「はなまつり」。私が会長だった10年には人が集まりやすい土曜日に妙蓮寺境内で実施。ご近所の老若男女でにぎわいました。同時に法話や落語会も催され、その日に寄せられた浄財は、港北区仏教会から港北区社会福祉協議会に寄託しました。区内戦没者戦争犠牲者慰霊祭、災害時の募金活動なども行いました。

さまざまな宗派の人と出会い、親交を結んだことは、とても貴重な体験でした。仏教会がなければ、実現しなかったことです。宗派を超えるという意味で、研修会の講師やテーマにもこだわりました。10年に招いたのは某大学の非常勤講師で、演題は「現代の葬儀を考える」。なぜ宗教離れと言われるのか、宗教は生き残れるかなど、かなりずけずけと意見を述べられ、拝聴していた私も少しばかりハラハラしました。

しかし、そこが私の狙いでもありました。耳に心地よく響く話では、研修の意味がありません。過激ととらえて終わりにするのではなく、現状をよしとせず、危機と認識することが第一歩なのです。

講演後、安藤事務局長は私に笑顔で「いかにも会長らしい人選でしたね」とささやきました。

愛すべきLCの長老

妙蓮寺の二つの斎場と不動産を管理運営する子会社（現・有限会社橘、土屋光廣社長）が何とか軌道に乗り、気が付けば私も50歳を過ぎました。そこで考えたのが社会奉仕と、見聞を広げることでした。「横浜野毛山ライオンズクラブ（LC）」に入会したのは、1996年だったと思います。

なぜ西区の野毛山だったのか。ご存じの方もいるでしょうが野毛山には仏具店が集中していて、入会はある仏具店のご主人の紹介でした。会員は野毛山だけでなく、伊勢佐木町の名の知れた、老舗の店主がずらりと並んでいました。ハマっ子の私には幼少から慣れ親しんだ有名店が多く、まぶしいような顔ぶれでした。

代表的な活動としては、2カ月に1度の献血があります。この献血実績は、横浜のLCの中でも充実していたと思います。街頭に立って道行く人たちに頭を下げ、大声で献血へ

土屋君が所属する「横浜たちばなライオンズクラブ」
会員たちによる献血活動＝2016年11月

の協力を呼び掛けるのは初めての経験でした。

そのほか、障害のある人たちを招待してのコンサートや人形劇、施設へのワンボックスカー寄贈など、自ら動いて汗をかき、社会の実情に触れて「人は1人では生きられない」ことを実感しました。寺以外の世界をほとんど知らない私には、とても新鮮でした。

新鮮と言えば、ＬＣの長老たちとの付き合いも新しい体験でした。それまでは「ご住職」とか「先生」などと呼ばれていたのが、「山ちゃん、あれやってよ」とか「あんた、これ頼むよ」といった調子で、実にざっくばらんなのです。その下町っぽい仲間意識が、とても心地よかったことを覚えています。

長老たちは、みんな〝愛すべきキャラ〟の持ち主でした。クラブの周年事業で記念誌を作ることになり、私は編集長という大役を仰せつかりました。取材や原稿執筆など全く経験がないので途方に暮れ、土屋君に協力を頼みました。

長老たちにインタビューして昔話を聞いたり、古い写真や資料を集めたりするのですが、これが大変な苦労。お年寄りたちは言いたい放題で、いつも自分中心、勝手なことばかりおっしゃる。そのくせ、録音テープを回し始めた途端に極度に緊張し、「でありまして」などと言葉遣いが〝よそ行き〟になってしまう。四苦八苦してテープ起こしをして記事にまとめると、今度は「これじゃ、ダメだ。俺がしゃべった通りに書き直してくれ」。それでも、なんとか記念誌は完成しました。

2000年に私は第33代会長に就きましたが、その後、横浜野毛山LCは他クラブに吸収されました。

LC活動に関しては土屋君が私の思いを継ぎ、現在、保土ケ谷区を中心に活動する「横浜たちばなLC」に有限会社橘の社長として所属しています。これは、以前紹介したイズミ産業（本社・保土ケ谷区）2代目社長の紹介です。

土屋君は2年前、横浜たちばなLCの38代会長を務めました。

横商で刺激的な体験

横浜商工会議所（横商）は約1万2千社の企業が加入する、市内最大の地域総合経済団体です。私は早くから会員でしたが、２００3年からは議員を務めています。所属部会は最初は「卸・貿易」でしたが、業種に即した部会にということで08年に観光・サービス部会に移りました。

横商各種イベントの企画・実行、交流会、研修会、視察、行政への政策提言…。ハマ財界のそうそうたる顔ぶれの中に加わり、政財界の最新情報に触れて強い刺激を受けました。

横商最大のイベントは、毎年5月に開かれる横浜開港記念みなと祭国際仮装行列でしょう。横商・神奈川県・横浜市が実行委員会をつくり、山下公園―横浜税関―赤レンガ倉庫―馬車道―伊勢佐木モールを練り歩くパレードは豪華絢爛《けんらん》。初めてその先頭に立った時の感動は、忘れることができません。残念ながら、コロナ禍のために昨年に続いて今年も中止になりました。復活を切に願っています。

内外の視察も貴重です。横浜と同じ開港都市の函館、新潟、神戸、長崎へ。それから福島、岩手、京都、金沢、高知にも行きました。昼夜を共にする旅行は、参加者の絆を強めてくれます。

海外ではインド、シンガポール、上海を視察しました。強く印象に残るのは08年1月27日から2月3日にかけてのインド訪問です。横浜インドセンター2008年度設立協議会の副会長・西田義博さんを団長に、稲村隆二・神奈川新聞社社長、太田嘉雄・横商副会頭ら総勢35人で「訪インド神奈川・横浜代表団」を結成。首都ニューデリーと横浜市の姉妹都市ムンバイを訪れました。途中、松沢成文神奈川県知事一行と合流し、官民一体で行動しました。

2019年の国際仮装行列でパレードに参加する横商議員たち。右端が私

強く感じたのは人々のバイタリティーとチャレンジ精神です。閉塞《へいそく》感が漂う近年のわが国が、どこかに置き忘れてしまった大切なものがインドにはあるように思いました。

また、僧侶である私は仏教発祥の地を踏んだことに感慨を深くしました。タージマハールをはじめ壮大な宗教的世界遺産を目の当たりにして、インドの長い歴史を感じ、インド人の宗教に対する深い理解、すそ野の広さ、生活の中に溶け込んだ宗教の役割などに思いを致すことができました。

と、ここまではお行儀のよい報告ですが、困ったこともありました。僧侶は私だけですから、団員は「卍って、どんな意味?」「お盆はインドにもあるの?」など、質問を浴びせます。返答に窮した私は、トイレへ。ケータイで土屋君に国際電話をかけ、質問事項について「至急調べて」と頼みます。そんなことを、何度繰り返したでしょうか。

旅は同行者の絆を強めると書きましたが、このインド旅行もそうでした。帰国後、数人で「ガンジーの会」を作りました。そのメンバーである富士通神奈川支社長の國司《くにし》利行さんとは、今も交流が続いています。

(肩書は全て当時のもの)

コロナ禍でも「精進」

2020年2月13日、私は横浜商工会議所の観光・サービス部会の一員として、日本商工会議所主催の「全国観光振興大会in金沢」に参加するため、北陸新幹線で金沢に向かいました。その月の3日、横浜にクルーズ船「ダイヤモンド・プリンセス」が入港し、新型コロナウイルス感染症は既に騒ぎになっていました。それでも、その時は「山本さん、マスクした方がいいよ」と言われる程度。現在のような状況になるとは夢にも思いませんでした。

その後、このウイルスは世界を席巻し、多くの命を奪い、私たちは抑圧された生活を強いられています。今回は僧籍から見たコロナ禍について記します。

人類は大昔から、さまざまな自然災害や疫病に苦しめられてきました。有名な奈良の大仏は、聖武天皇が度重なる飢饉《ききん》や疫病（天然痘）の終息祈願のために建立したということはよく知られています。

日本人は自然災害や疫病に対して、ある意味で従順な気がします。というよりは「受け入れてきた」と言った方が正しいかもしれません。強風にも倒れないススキやアシのようなしなやかさを持つ国民性なのでしょうか。

先日、映画「シン・ゴジラ」をＤＶＤで見ましたが、そのゴジラはまさに自然の脅威そのもの。ゴジラを目の当たりにした人々は恐れおののき、逃げ、祈ります。「頼むから、こっちに来ないでくれ」と。

最後まで積極的に排除することは求めません。ここでの祈りは「どうか、ひどいことにならないでくれ」という極めて原始的な祈りです。

毎朝、妙蓮寺本堂で皆さまの無病息災を祈ります

ではコロナ禍に現代宗教は何ができるのか。ウイルスは資産家にも貧しい人にも〝平等〟に脅威を与えます。悪いことをした人も善行を積んだ人にも襲い掛かります。信心を重ねれば新型コロナにかからない、というわけにはいきません。

もちろん、経済的な部分や性別などで世の中には不公平、不平等があります。ですから新型コロナで失職するなど、困窮している方々には、自然災害と同様に官民による経済的援助が必要です。

そういうなかで、宗教は新型コロナに罹患《りかん》した方々や、疲弊した方々の不安な気持ちを癒やす手助けはできるように思います。コロナ禍で私たちは何を失ったか？　まず人と会うことが制約されました。遊興が規制されました。移動も思うに任せません。青春を謳歌《おうか》すべき若者には、心から同情します。

半面で、体験したことのない静寂が訪れました。これを機に家族と向き合い、親しい友をねぎらい、郷里の母に思いを寄せる。自分の仕事の社会的意義を考え、皆のために行動する。本を読む。配信で映画を見る。ネットで勉強する。趣味を極める——。まさに仏教で言う「精進」です。

そして宗教は皆さまの不安な気持ちに寄り添い、坊主である私は毎朝、皆さまの無病息災を祈ります。

通販番組は〝要注意〟

住職という仕事は、文字通り「住む」のが「職業」。とにかく、お寺にいることがまずは基本中の基本です。もちろん、日々のお勤めの他に、お寺の外でのさまざまな行事、檀家さんへの対応、法事やお葬式もあります。あまり知られていませんが、仏式の結婚式や地鎮祭もあります。

毎日の仕事着は作務衣《さむえ》が基本。本来、何を着ても自由なのですが、作務衣は快適で便利です。雰囲気もあり、着るだけで誰でも〝お坊さんぽく〟見えます。

起床は朝4時。本堂を開け、朝のお勤めをします。具体的には、掃除と読経です。今の季節は日の出も早く、もう薄明るいのですが、冬場にはなかなか過酷な環境で、寒く真っ暗な中での朝のお勤めは正直、つらい時もあります。それを中学時代からかれこれ60年、続けています。

妙蓮寺は東急東横線妙蓮寺駅の真ん前にあります。若い頃は駅前の放置自転車が気になって整理していましたが、危うく自転車泥棒に間違えられそうになり、やめました。確かに、朝暗いうちに、ダブダブのズボンのような作務衣に坊主頭、つっかけで自転車を動かす姿を知らない人が見れば「怪しい」と思うかも、と反省しました。これも若い頃ですが、つい深酒をしてしまい、寝てしまったら朝のお勤めに起きられないと思い、朝まで必死に起きていたこともありました。

妙蓮寺駅の始発電車は昔から朝5時10分ごろ。その時間の澄んだ空気が、私は好きです。早朝のひと時は、一日の中で季節の移り変わりを一番気持ち良く感じられる時間です。

そこから、妙蓮寺斎場を運営する有限会社橘の土屋光廣社長たちが出勤してくる朝9時までは私のプライベートタイム。新聞に目を通したり、BSテレビで海外ニュースをチェックしたり、録画しておいた情報番組を見たり。

しかし早朝のテレビ番組は要注意。通販番組が多く、それがなかなか魅力的なのです。高圧洗浄機、魚が上手に焼ける遠赤外線グリル、いろいろな千切りができる大根おろし器、何でも切れるのこぎり。ついつい注文してしまうのです。

朝のうちに思いついたことをメモにまとめて、土屋君が出社したら伝えるのが習慣になっています。メモは広告の裏に鉛筆で殴り書き。内容は橘が扱っている不動産の大きな案件の進捗《しんちょく》状況の確認だったり、「冷蔵庫の練りわさびがなくなったから買ってきて」「銀座の百貨店に新しいスイーツ店が開店したから、次のご進物はそれにしよう」とか、もうごちゃごちゃ。テレビで見たお笑い芸人の名前がメモにあって、土屋君に「ン？　これ何すか？」と聞かれ「面白かった」と答えると「そんだけェ？」と皆で大笑いになったこともありました。

橘の事務所には笑いが絶えません。周りに人がいて、大きな声で笑えるというのは本当に幸せです。

土曜朝は地域の人たちが妙蓮寺境内に集まって一緒にラジオ体操。２年ほど前から始め、今も続く。写真は2020年夏、手前の後ろ姿が私

「今どきの若いもん」

海外に行くと、いつも「あー、日本に生まれて良かった」と思います。

原発の〝安全神話〟は東日本大震災による事故で崩れましたが、こと治安に関しては、日本の安全度は世界有数でしょう。海外旅行に行くと必ず「このエリアには絶対足を踏み入れないで。最悪、命にかかわる危険があります」と忠告されますが、日本ではそんな危険はまずありません。

夜は明るく安全で、どこでも共通の言語が使え、交通網も発達していて発着時間は極めて正確。至る所にコンビニがあり、いつでもおいしいお弁当やスイーツを食べられます。最近は宅配サービスも充実し、「これが食べたい！」と思えば、世界中の味が楽しめます。

私はもともと高価な食べ物や衣類への執着がありません。ファストフードも大好きですし、洋服は量販店で買います。橘社長の土屋光廣夫妻と台湾旅行をした際、某世界的チェーンのハンバーガーを食べようとして「家にいても食べられるものを、なぜ今食べるのか」と、めったに怒らない土屋君を怒らせたことがあるくらいです。

もちろん、格差や貧困、ジェンダーなど今の日本の問題点は存じています。社会からはみ出してしまった方、差別に苦しむ方、生活に困窮している方、心が疲れてしまった方…。

それは日本の政治が「持ちつ持たれつ」という日本的コミュニティーに甘えすぎた結果だ、と私は思っています。一刻も早い積極的な行政の対応が必要でしょう。それでも、現在何とか頑張っていらっしゃる方々には本当に頭が下がります。

なかでも、私は、現代の若者に期待しています。若者は、この国にとって重要な財産です。よく「最近の若いやつは」と言ってしまいがちですが、私の世代だって、若い頃は、やはり「今どきの若いもんは」と言われたものです。

今の若者は常識的で、真面目な人が多い気がします。スーパーマーケットや飲食店で、若い従業員は気持ちの良い対応をしてくれます。お寺にいると若い人と話をする機会も多いのですが、どなたもキラキラした目をしています。今の若者は根性がない、なんてことはありません。頑張っていらっしゃる。

かつて渋谷を闊歩《かっぽ》していた〝コギャル〟たちは顔を真っ黒に化粧し、

横浜商工会議所の観光・サービス部会で日本ＫＦＣホールディングス本社（横浜市西区みなとみらい）を視察した際に＝2019年11月

奇抜なヘアメークをしていました。彼女たちは自分が「かわいい！　面白い！」と感じる価値観だけに忠実に行動して、「たまごっち」など独特な流行を生み、全国にはやらせました。これは、若者たちが夜中まで安全に自由と青春を謳歌《おうか》できる環境によるものでしょう。また、日本人は多様性を受け入れる柔軟性を持っているとも信じています。

大人の役割は、子どもが大きく手を広げ、安心して生きていける国づくりです。そこに新しい想像力が生まれ、創造や革新が芽吹く。もちろん、若者たちが自らきちんとマナーを守った上での話ですが。

肩書と呼称について

公的な書類などの職業欄に記入する際の私の正式な肩書は「宗教法人妙蓮寺代表役員」です。よくある「株式会社〇〇代表取締役」のようなものです。

日蓮宗の僧階でいくと「僧正」。「住職」というのは階級の役名ではなく、私の生業の名称です。「妙蓮寺の住職」という使い方をします。少々乱暴ですが、「〇〇旅館のおかみ」に近いニュアンスです。

大半の皆さんは、法衣を着た私を、親しみを込めて「住職」と呼んでくれます。「ご住職」

「住職さん」「ご住職さま」などバリエーションはありますが、どう呼んでいただいても結構。とはいえ、「先生」というのはちょっとむずがゆい。

私のことを「和尚」と呼ぶ方がいらっしゃいますが、日蓮宗では「上人《しょうにん》」が正解です。宗派うちでは「山本上人」と呼ばれることも多いです。ただ、これまで私を和尚と呼んできた方は、引き続き和尚と呼んでいただいて結構です。間違えではありませんので。

一方、スーツを着ていくような場所、横浜商工会議所や神奈川県警察官友の会など所属している団体内では、「山本さん」と呼んでいただく場合が多いです。病院以外で自分の名字を呼ばれる機会は少ないので、これはこれで呼ばれると背筋が伸び、気持ちがいいものです。

ごくごく近い方は「やまちゃん」「やまちゃま」。年齢に関係なく、とても仲良くしてくれている方はそう呼びます。僕にとっては一番心地よい、うれしい呼ばれ方です。

名前の呼び方は難しい。場面によって使い分けが必要ですし、距離感の物差しが人によって違いますから。特に現在では、そこに上下関係や力関係が作用している場合はハラスメントと扱われてしまう可能性があります。

橘の事務所では、私は基本的に「住職」、土屋光廣社長は「社長」と呼ばれることが多

名前（呼び名）は大切。迷いネコを「まるこ」と名付けて家族の一員になったが、3年ほど前に死別

いです。私は従業員をおおむね名前をもとにしたあだ名で呼びます。経理兼秘書の秋山房子さんは「あっきーちゃん」。彼女には20年以上、会社を縁の下で支えてもらっています。

私が土屋君を呼ぶときは「つっちーちゃん」、難しい頼みごとをするときは「土屋先生」、奇跡を起こしてほしいときは「土屋大先生」と〝3段活用〟を使い分けます。面白くないときは「土屋」と呼び捨て。

親しみを込めた呼称を使うときは、最初は勇気が要るものです。それがうまくいけば、一瞬にして互いの距離を縮めて親しくなれますが、裏目に出ると「なれなれしいよ」と思われる危険性もあります。

今、学校ではお互いを名字で呼ぶようにしているそうです。先生も生徒を呼ぶときは、男女を問わず「〇〇さん」。身体的な特徴や親の職業、住んでいる場所、時には個性的な名前そのものなど、あだ名や愛称につながるものが、時に差別やいじめを生むからだそうです。

横浜が大好きな理由

２０１９年９月。橘の土屋光廣社長が、横浜高島屋で開催された森日出夫さんの写真展に行き、購入した写真集「記憶の記録　１９６９―２０１６」にサインをもらったと、はしゃぎながら見せてくれました。森さんは横浜の街を撮り続けている著名な写真家。土屋君は妙蓮寺のホームページを手掛けている株式会社アーチの竹内実社長と勝烈庵の本多初穂社長の紹介で、少しばかり森さんと親交があるらしく、写真展当日も話を伺えたと喜んでいました。

写真集には、古き良き横浜の情景が詰まっていました。１９７０年代と思われる横浜駅周辺の航空写真。整備される前の赤レンガ倉庫、港湾の様子。吉田町、馬車道、元町…。森さんの写真は無機的でいて、どこか温かい。そこに、確実に人が住んでいる。ハマっ子の心を揺さぶるすてきな作品ばかりです。

ノスタルジックな港湾施設越しに見た、みなとみらいのホテルや観覧車は刺激的です。

勝烈庵とは40年来のお付き合い。左から土屋君、本多初穂社長、ＫＳＰの田邉中（あたる）社長、岩田武司弁護士、私＝2020年１月

さらにページをめくると、野毛の街並み。今も変わらぬ都橋にほっとしつつ、消えてしまった建物や店に思いをはせます。横浜日劇、東宝会館のたたずまい。バンドホテルの解体写真に胸が熱くなります。

森さんは土屋君に「この街はスクラップ&ビルド（建設と破壊）の繰り返しで生き続けている。懐かしい建物が壊されていくのは寂しいけど、僕はそれを否定しない。記録すればいいんだから。毎日違う。それが楽しいんだよ」とおっしゃったそうです。

〝よそ行き〟の街がいくつもできた横浜ですが、一歩外れると、所々に路地や古いアパート、置き去りにされたような住居が残っています。下町から見上げるみなとみらいはＳＦ映画さながら。でも、その隙間が緩衝材となり、つじつまを合わせている気がします。

ハマっ子は変化を嘆きながらも受け入れ、何事もなかったかのように住み続ける。年の離れた他人同士が、居酒屋で意気投合する。「東京生まれじゃない人は死ぬまで江戸っ子にはなれないけど、ハマっ子には引っ越した日からなれる」と言います。横浜の懐の深さと無邪気な好奇心は、この街を語る上で欠かせません。僕は、そんな街が大好きです。

写真集には「ハマのメリーさん」もいました。白塗りの顔に白いドレスの奇妙なおばあさん。山下町や関内、伊勢佐木町などでよくお見掛けしました。土屋君に、この人を知っているかと聞くと「住職が『見掛けたら優しくしてやれ。昔から横浜にいる〝伝説の娼《しょう》婦《ふ》〟なんだ』って教えてくれましたよ」。そう、横浜は〝異端〟を排除しません。

森さんも出演した、中村高寛監督のドキュメンタリー映画「ヨコハマメリー」（2006年公開）。その終盤、晩年のメリーさんが素顔で登場します。私はその清楚《せいそ》な品の良さに驚きました。どんなに風景が変わっても、メリーさんがどこかの街角に立っている――。いつまでも、そんな横浜であってほしいと思います。

「生老病死」について

坊さんらしい話をするので、特に若い人に読んでほしい。私たち昭和生まれは、もう考え方の軌道修正はできないでしょうから。

今まで日本人は、自分に起きてほしくない出来事などを、「穢《けが》れ」として忌み嫌い、遠ざけてきました。お葬式に玄関に張り出す「忌中」の文字が、その象徴です。大切な家族が亡くなったことを「忌まわしい」という字で表現するのです。

そして十分距離を置いた場所から、哀れみます。誰にも平等に訪れる死や病気を、あたかも自分には起こらない出来事として、はれ物のように扱う。人の死も病気も、その人の人生の一部です。他人が評価すべき話ではありません。他人を哀れむほど、私たちは立派な生き物ではないのです。

そういった偽善により、さまざまな病気や「皆と違うこと」が、差別の対象になりました。悪気がなく良かれと思ってするその言動が、結果として差別となり、人を傷つけるのです。

悪意を持って何かを企て行動する人になら「やめろ」と言えますが、善意ですから、始末が悪い。今の若い人風に言うと「上から」でしょうか。人の死や病気を「不幸」と決めつけて「上から」哀れむ。周りと違う境遇を「上から」哀れむ。そして、「優しさ」だと言って、見て見ぬふりをする。そんなことでは、国連が定めたSDGs（エスディジーズ＝持続可能な開発目標―例えば「貧困をなくす」「人や国の不平等をなくす」）など、いつまでも達成できないでしょう。

人の死は「悼むもの」、病は「憂えるもの」です。それぞれに自分を重ねて、目をそらさないことです。そうすれば、おのずから相手の思いを感じ取ることができるでしょう。いつもそうしていれば、楽しいときは何倍も楽しいし、うれしいこともたくさん起こります。まずは、しっかり正面から見て「悼み、憂う」ことと「忌み、哀れむ」ことの違いを理解し、思いをはせること。そうすれば、どうすべきかは自然に分かるはずです。そして、その思いのままに行動すればいい。それさえできれば、けんかしてもいいし、怒ったっていい。真の友情も、そこから生まれるはずです。

今の若者はそれが分かっているような気がし

妙蓮寺の永代供養墓地にお参りする

ます。子どもの頃から、いろいろな国の人と触れ合い、言語を交わし、さまざまな境遇の人に出会い、多くの矛盾を目の当たりにしています。それらの矛盾を放置してきた大人たちを攻撃せず、「若いもんは、もっとしっかりしろ」と言われ続けてきました。しかし、本当は若い世代は私の世代よりずっと視野が広く、体験も豊かで平衡感覚があり、違いを認める度量を持っているように思います。

「生老病死」という言葉があります。避けては通れない、人生の四つの大きな苦しみです。しかし、苦というのは「苦しい」ではなく「自分の思い通りにならないこと」と考えてください。それにまっすぐな心で向き合うところから、新しい時代が始まる気がします。

素晴らしき仲間たち

よわいを重ねると、周りに人がいることの大切さが身に染みます。お寺はもともと人の出入りが多い所。ましてや、妙蓮寺は檀家の皆さま、一般の参拝客の対応に加えて、橘（土屋光廣社長）が運営する斎場と多くの物件を抱える不動産管理部があります。

橘の事務所の一つはお寺の客殿の一部屋を使っており、そこに土屋君と秘書兼経理の秋山房子さんがいます。私は、客殿内の住職室か橘の事務所にいる事が大半です。

土屋君は、みんなにかわいがられる〝いいやつ〟のようです。そして、彼の友人たちは私にも親しくしてくれる。「住職、元気?」「やまちゃま、運動してる?」「なかなか買えないケーキを並んで買ってきました!」。彼らは土屋君(54)の同世代ですから、私とは一回り以上年齢が離れていますが、いたわりの心が全くない。あちこちに引っ張り出してくれます。

私の誕生日には、プレゼントを持ってお寺に集まってくれるのですが、それが30人くらいになることも。若い頃からの友達。長年、私を支えてくれている葬儀業界の方々。横浜商工会議所で仲良くなった人々。

イベントやサービス業務代行の「オンリーワン・21」の村松和代社長には、斎場の新型コロナウイルスの感染対策で随分お世話になりました。施設警備と管理を手掛ける「KSP」の田邊中《あたる》社長のおかげで安全なお寺に生まれ変わり、「港ポンプ工業」の鈴木紀子社長によって、お寺の井戸は劇的に改善されました。土木工事のエキスパート「株式会社クワハラ」の桑原義和社長は敷地整備に尽力。電気設備工事の「英《はなぶさ》エンジニアリング」の二宮英彰社長は原因不明の斉場の電圧低下を解明し、妙蓮寺の商店街を明るくする街灯の設置も担当しました。

2019年の誕生会で。中央の私を囲んで前列左端が村松和代さん、右端に土屋君、後列左端は桑原義和さん、土屋君の後ろに二宮英彰さん

橋の事務所には、人の出入りが絶えません。不動産関係の業者さん、商店街の方、葬儀屋さん、花屋さん、料理屋さん。用のない人を含めて、事務所にはいつも誰か来ています。土屋君と秋山さんの対応はいつもフレンドリーでいて、礼儀正しい。当たりの強いお客さまでも、2人にかかると、最後は笑顔で帰っていきます。それでいて、きちんとこちらのお願いは受け入れていただいています。土屋君は、困難な案件で何度もお寺を救ってくれました。

以前、土屋君と秋山さんを褒めたことがあります。土屋君は笑いながら言いました。「僕たちは、あくまで住職の〝使い〟ですから、住職が嫌がることは絶対にしません。相手の話を何時間でも丁寧に聞く。こちらの主張を筋道立てて理解してもらう。不作法な振る舞いをしない——それだけです」

さらに「『住職だったらこう言うだろう、こうするだろう』から、ちょっとだけ住職の『お人よし』を差し引いて、僕の『人の悪さ』を足しているだけだから、楽なもんすよ」。

褒めたつもりが褒められているようで、苦笑いするばかりでした。

孤独な老婦人の願い

5年ほど前のことです。80代とおぼしき白髪の、やせた、小さなご婦人がお寺に現れました。永代供養墓の見学をしたいとのこと。当山には、お墓の継承者がいらっしゃらない方や、シングルで一生を過ごされる方のために永代供養墓をご用意しております。

橋の土屋光廣社長が応対したのですが、5時間たっても応接室から出てきません。どうしたのかと橋社員の秋山房子さんと心配していると、土屋君から私の携帯に連絡があり、「ちょっと来てください」と言います。

部屋に伺うと、お客さまは楽しそうな様子で「このお寺が気に入ったので、私のお葬式から納骨まで全部お願いしたい」とおっしゃる。初めての依頼なので、面食らってしまいました。土屋君は5時間ずっと、彼女の若かりし頃の恋や身の上話を聞いていたらしく、意気投合した様子です。

凛《りん》として、お元気そうに見えたのですが、実は末期の胃がんで余命いくばくもないというのです。お子さまもなく、ご家族ともご縁が消えていて天涯孤独。看護師と医師が自宅に往診し、痛みの緩和ケアを受けている状態でした。

依頼を引き受けることにしたものの、初めてのケースです。法的な問題を洗い出し、司法書士法人の「横浜アシスト」代表・堀江直樹先生、葬儀社の友愛セレモニーひるたの蛭田耕治社長、緩和ケアのドクター、そして土屋君でプロジェクトチーム（ＰＴ）を組みました。遺言書やエンディングノートの作成、当山との永代供養の契約、葬儀社との葬儀の事前契約など綿密な打ち合わせを重ねました。

ご婦人の葬儀で焼香する蛭田耕治社長、
奥の後ろ姿は私

彼女の希望は「最期は白いドレスを着たい。そして、白いバラ100本と愛用しているシャネルの香水で包んでほしい」。徐々におやせになって、お寺に来るのも大変だったでしょうが、来ると土屋君や秋山さん、時には私も交えて、ともに泣き、笑い、彼女の一代記を何時間も伺いました。坊さんはそういう方を目の前にして、ただその人の思いを聞くだけです。半年ほど後、彼女は黄泉《よみ》の国へ旅立たれました。

ＰＴの連携は完璧でした。読経は私。堀江先生と土屋君、秋山さん、蛭田社長が焼香をし、ひつぎに花を入れます。「このバラ、１００本どころじゃないね」と蛭田社長に聞くと「１００本は意外に少なくて、僕の気持ちで１００本足しておきました」。彼女の希望に沿った葬儀を、滞りなく終えることができました。

お骨になった彼女を抱いて火葬場を出ると、土屋君がポケットから3万円を取り出し、「おばあちゃんから『お清めのお食事代に』って預かりました」。彼女は「現世では病気で食べられなかったけど、あの世でなら何でも食べられます。私もお清めの席に座って、ご一緒したい」と話したそうです。知り合いのおすし屋さんに行き、ご遺骨、遺影の前に陰膳を置き、「おばあちゃんと一緒に」皆でおすしをいただきました。

私は〝乗り鉄〟らしい

あまり自覚はないのですが、私はいわゆる「鉄道オタク」のようです。鉄道オタクは、車両が走る姿の撮影に熱中する「撮り鉄」から、ローカル線の電車に揺られて地酒を楽しむ「飲み鉄」まで実に多彩だそうで、橋の土屋光廣社長によると、私は「乗り鉄」らしい。単純に電車に乗るのが大好きです。

そもそも、妙蓮寺と鉄道との深い関わりは連載の第2回で紹介しましたが、妙蓮寺がこの地にあるのも、寺の真ん前に駅があるのも、全て新たな鉄道敷設に起因しています。後者について正確に言えば「寺の前に駅が」ではなく、「寺の境内を電車が走っている」のです。1926年、東京横浜電鉄（現在の東急東横線）が路線拡充のために境内に鉄路を敷きたいと申し入れてきました。当時の住職は快諾し、土地の一部を無償提供しました。その見返りに、妙蓮寺が駅名になったのです。

子どもの頃の私には、自分の家の中に駅がある感じでした。どこへ出掛けるにも、まず東横線。東京・品川区の立正中学に入ると、東横線、東急大井町線、池上線を乗り継いで通学しました。成長とともに活動範囲が広がり、乗る電車の路線も増えました。母は私を厳しく育てましたが、1人で電車に乗ることには寛容でした。母にも東横線は「身内」という感覚があったのではないかと思います。

そんな経緯で、私にとって電車に乗るのは当たり前のことに。若い頃、渋谷に遊びに行くにも、川崎の友達の家に行く時も、横浜へも全て電車。関内方面へは、桜木町で降りて大岡川を越えて馬車道に出ました。

今でも、私の〝足〟は電車です。現在は東横線がみなとみらい線、副都心線、東武東上線、西武有楽町線、池袋線とつながり、さまざまな車両が乗り入れます。車両によって振動の仕方が全然違う。良しあしではなく、「乗り味」が違うのです。京急、相鉄、またしかり。それを楽しみ、小旅行の気分を味わいます。

また、私鉄では、路線ごとの生活圏の特色がはっきり表れます。乗客のファッションやヘアスタイル、持ち物などは流行の最

横浜商工会議所の飯能市表敬訪問。前列左から私、ローズホテルズインターナショナルの李宏道社長、大久保勝飯能市長、後列は江戸清の高橋伸昌会長＝2014年11月6日

先端を教えてくれます。

東横線が副都心線とつながった記念に、横浜商工会議所の観光・サービス部会が２０１４年、埼玉県飯能市を表敬訪問しました。路線の視察も兼ねて元町・中華街駅から飯能駅まで2時間弱。さすがに、お尻が痛くなりました。

一方、長距離電車には長距離ならではの楽しみがあります。新幹線も大好きですが、私は熱海、三島くらいまでは東海道線のグリーン車を利用します。戸塚、藤沢を過ぎて乗客が少なくなると、やおら広げるのが崎陽軒のシウマイ弁当。昔から、東海道線にはシウマイ弁当が良く似合います。

最近は疲れやすく、歩くのがおっくうになりました。周囲は「無理せず、タクシーを使えば」「車で迎えに行くよ」と気遣ってくれますが、私はやっぱり電車に乗るのが好きなのです。

「除夜の鐘」とジャズ

皆さんは、お寺にどんなイメージを持っていますか。小さい頃、近くのお寺の境内で遊んだという方もいらっしゃるのでは。

お寺は地域で重要な役割を果たしてきました。航空写真で見れば一目瞭然。都会の中のお寺は、地域の貴重な緑地です。他にもお寺によっては幼稚園があったり、書道教室やバザー、ラジオ体操などの会場に使われたり。地域コミュニティーの拠点になっています。

2018年10月のコンサート風景。ステージ上は「the night cruisers」

東日本大震災の際、妙蓮寺は駅前という立地を考慮し、帰宅困難者の一時避難場所として斎場を開放しました。厳密に言えば、お寺は宗教法人所有の私有地なので、関係者以外は勝手に立ち入ってはいけないのですが、当山では基本的に境内には自由に出入りしていただいています。

妙蓮寺の境内には四季折々の花が咲き、これからの季節はさまざまな種類のハスの花が楽しめます。これは20年ほど前「ハス博士」と呼ばれる秦野市寺山の相原稔さんが「皆さんに楽しんでいただけるなら」と分けてくださったものです。

本堂横には小さな滝があり、散策にはもってこい。最近は夕方に来る方が多いので話を聞くと、終日在宅でテレワークをしているので、気分転換に出てくるのだとか。また、ポケモンの位置情報ゲームのスポットになっているらしく、境内を訪れてスマホ操作に熱中する若者や年配の方も数多くいらっしゃいます。

さて、妙蓮寺は年2回、地域イベントに境内を開放しています。一つは伝統の「除夜の鐘」。事前に整理券を配布し、突いてもらうのですが、整理券はすごい人気。配布日は朝5時ごろから行列ができ、9時に配布を始めると即、完了。大みそかから元日にかけて4千人から5千人の参拝客がお見えになります。残念ながらコロナ禍で、昨年の除夜の鐘は中止しました。

もう一つは「ジャズコンサートin妙蓮寺」。10年前から毎年秋に本堂前にステージを組み、境内で自由に演奏を楽しんでもらっています。これも新型コロナの影響で、昨年はかないませんでしたが、入場無料で来場者は2千を超えます。毎年、ビブラフォン奏者の宅間善之さん率いるジャズミュージシャンをお招きしており、ここ3年は、われらが橋の土屋光廣社長がベーシストとして所属する「the night cruisers」が前座として場を盛り上げます。ビブラフォンは鉄琴の一種で、秋の夜長に響くその音色はとても美しく、地域のイベントとして定着してきました。

このコンサートは地元商店街「妙蓮寺ニコニコ会」（新井武仁会長）の主催で、商店街の皆さんの熱い思いとお手伝いがあって実現しました。除夜の鐘も、ニコニコ会と地元消防団がお手伝いしてくれます。かつて、盆踊りや植木市、御会式（日蓮聖人の命日の法要）の万灯練り供養などが行われて多くの人であふれた境内が、形を変えてにぎわいを取り戻すのは、とてもうれしいことです。

地域のよりどころに

「これからのお寺は、どうなるのでしょう」と聞かれることがあります。こうなったらいいな、という理想はあります。ただし「妙蓮寺」についての私の思いです。くれぐれも、他のご寺院のことと取り違えないでください。

まず、もっと地域に根付いたお寺になってほしい。これまでも檀家《だんか》さまのため、あるいはお墓のためという以外に、皆さまに親しんでいただくために、さまざまな工夫をしてまいりました。

悠久の歴史の中で、紆余《うよ》曲折はあっても、それぞれの時代に、「お寺」は存在し続けてきました。理由は「そのお寺が、その時、その場所にあった方が良かったから」ということに尽きると思います。大衆に不要なものは、淘汰《とうた》されます。実際になくなってしまったお寺も多いでしょう。

妙蓮寺はどうでしょうか。東急東横線の横浜駅から四つ目の駅、その真ん前にあります。線路を挟んで反対側の駅前には、ささやかながらも地元の人に愛される商店街があります。付近は住宅街です。妙蓮寺があることで、地域の人や一般の皆さまにとって「良いこと」とは何でしょう。

まず、駅前に広々とした境内が広がっているのは「良いこと」かもしれません。そのために、緑が多い。季節感を味わえる。夏は青々と茂った木々にセミの鳴き声が響き、冬になれば雪の妙蓮寺も美しい。

この街は治安が良いといわれます。妙蓮寺境内は深夜でもかなり明るいので、治安に貢献しているような気がします。ただし、一つご注意を。妙蓮寺駅の改札からお寺側の道は手渡し型の振り込め詐欺の受け渡し場所に使われることが多いそうで、警察に求められて防犯カメラの映像を提供することも度々ありました。

また災害時に、少しでもお役に立てるお寺でありたい。東日本大震災の教訓を生かして、2014年3月、斎場部分について横浜市と「大規模地震等の災害時における提供協力に関する協定」を結びました。

と、ここまでは「ないより、あった方が良い」程度のことですが、さらに言えば、末永く地域の皆さまの〝心のよりどころ〟になっていきたい。毎朝、山門の前で一礼して出勤される方がいらっしゃいます。毎朝毎夕、雨の日も風の日も、お参りしてくださる方もいらっしゃる。とてもありがたいことです。気軽に入れる、気持ち良く、安全で優しいお寺でありたい。私たちも、背筋を伸ばしてお迎えしなければなりません。

荘厳な本堂でお勤め

一人で悩んでいる方がいらっしゃれば、一度「お寺と話をしに」来てください。作法なんて、どうでもいい。話すのが苦手なら、話さなくても結構。心地よい風が吹く境内で、耳を澄ましてください。揺れる葉っぱの音、滝（小さいですが）が流れる音。虫の音、鳥のさえずり…。

時には、猫が横切っていきます。いろいろなものと会話してください。そして、少しでも気持ちが楽になったら幸いです。

〝現金な読者〟の感想

この連載が始まってから多くの方に声を掛けてもらうようになりました。「住職、読んでるよ！」「やまちゃん、毎朝楽しみ！」。なかには「今日の話、超面白い！」とお褒めの声も。内心で「新聞って、こんなにみんなに読まれているんだ」と驚いている次第です。

実は、年を取るにつれ目が悪くなり、新聞を読むのがおっくうになりました。読むにしても、大きな見出しを目で追い、気になった記事を拾い読みする程度。それが、現金な話ですが「わが人生」掲載と同時に、きちんと読むようになりました。76歳にして〝新聞読者リターン〟です。

コロナ禍で、外出する機会が大幅に減り、こっそり出掛けようとすると怒られます。結果、ヒマな時間が増えました。それが、新聞を丁寧に読むと、あっという間に時間が過ぎる。新鮮な体験でした。以前より、紙面が読みやすくなった気がします。活字が大きく、写真がきれい。カラーページもいっぱい。署名記事が多いので、いつの間にか、記者さんの名前を覚えてしまいます。

私は、昔から新聞は訃報を最初に読みます。基本的には最終面のテレビ番組欄から始めて、ページをさかのぼります。社会面は、時勢を反映してか、世知辛い記事が多いようです。人間の性《さが》でしょうか、暗い話題や事件ほど目に留まります。こんなつらい記事ばかり書いていたら、記者さんは心が病んでしまわないか心配にもなります。

ゆったりと新聞を広げて読む。毎朝の楽しみです

次いで地域面へ。自分の街の話題はもちろん、「へえー」という話まで盛りだくさん。地域面は身近で一番面白い。大層な話でなくても、〝ちょっといい話〟に心がなごみます。地元紙の醍醐味《だいごみ》です。

それから論説や経済、文化、スポーツなど。もちろん読者のページも欠かせません。今日も「わが人生」は、いい感じです。すぐお隣の投稿欄はさまざまな意見があって興味深い。ニヤリとしたり、ちょっと首をかしげたり、が楽しい。

総合面ではテレビで見聞きする問題を、より詳しく知ることができ、最後に1面をじっくり読みます。

私自身、政治的な偏りはないと思っていますが、新聞には私と見解が違う記事も載ります。が、それもまた新鮮。インターネットでは自分と同じ意見を検索しがちですが、異論を排除してはいけません。多様性は認めなくては。

「わが人生」を連載するようになって知ったのですが、一つの記事が完成して新聞に載るまでに、何と大変な手間がかかっていることでしょう。入念な取材、こちらがうんざりするくらい（失礼！）の細かい裏付け調べと確認。見出しや記事の1文字に対する慎重な配慮と、こだわり。何回ものやりとりと書き直しを経て掲載に至ります。

二十数ページの新聞に盛り込まれた膨大な量の記事を前に、記者さんとデスクの熱いやりとりが目に浮かびます。それも毎日、休まずに。本当に頭が下がります。

次代につなぐバトン

境内で談笑する（左から）山泉貴郎さん、土屋君、私、
坂野太絃君、その父・陽一さん、石井文雄さん

76歳にもなると、友人知人のご子息は30～50代、世間で言う〝いい年〟です。彼らの活躍をうれしく感じるようになったのは、私が70代に入ってからでしょうか。それまでは、下の世代を見て危なっかしく思い、逆に堂々と活躍しているのを見ると嫉妬を感じることもありました。

以前紹介したイズミ産業の山泉恵宥《よしひろ》社長(故人)が元気だった頃。息子である貴郎《たかお》君を、私が「最近、頑張ってるじゃない」と言うと、彼は顔を真っ赤にして怒りました。「住職、あんなヒヨッ子を褒めるなんて、どうかしてる。俺がどんなに苦労して、会社を築いたか、あいつは何にも分かっちゃいない！」

私と恵宥社長が盟友だったこともあり、橋の土屋光廣社長と貴郎君は若い頃から兄弟以上に仲良しでした。2人とも少々やんちゃなところがありましたが、仕事に対しては真面目で、根は素直な好青年でした。それが「あんなヒヨッ子」扱いです。

他の人に「社長、そろそろ貴郎君に追い越されちゃうんじゃない？」などと言われた日には、しばらくは機嫌が戻りませんでした。

その恵宥社長が亡くなって6年。貴郎君は父の遺志を継ぎ、このコロナ禍でケータリング事業に激しい逆風が吹く中、前社長の残した伝統的な社風はそのままに、彼を信頼して集まった仲間と必死になってイズミ産業を率いています。聡明《そうめい》で決断力のある立派なリーダーに育った息子を見て、前社長は草葉の陰でどんな顔をしているでしょう。

他にも例えば、アーバス観光の例があります。横浜の葬儀送迎バスのパイオニアで、坂野良隆さんという私の親友が起こした会社です。良隆さんは病魔に侵されて他界。享年60は、さぞや無念だったでしょう。

しかし彼には息子が2人いました。兄の久典君が送迎バス業務、弟の陽一君が葬儀式場を、しっかり守っています。坂野社長は車が好きで、小学生だった陽一君を妙蓮寺境内で4輪バギーに乗せて遊ばせていたものでした。その陽一君の息子である太絃《たいげん》君は3年前、6歳でレインボーサーキット・キッズカートクラスのシリーズチャンピオンになりました。

冠婚葬祭互助会業「メモワール」グループの渡邊正典社長も、お父上の頃からのお付き合い。血気盛んだった青年は着実に事業を成長させ、今では押しも押されもせぬ横浜を代表する経済人の1人です。ほかにも寺院、葬儀社のご子息たちが立派に家業を継いでおられます。なかには妙蓮寺・橘の税務を受け持つ石井文雄税理士事務所のように、昔からの番頭さんが継いだ会社もあります。彼らは、しょっちゅう、私に顔を見せてくれます。

人生、せいぜい100年。しかし、「想《おも》い」はこの世に残せます。後を歩む人が、先人の「想い」を正しいと思うなら、その精神を引き継ぎ、物語をつむいでゆけばいい。そうすれば、バトンはつながります。

よみがえる世界信じ

3カ月にわたってつづってきました「わが人生」も、いよいよ大詰めです。いろいろな感想やご意見を頂戴しました。同世代の方からは「昔の横浜の話が懐かしい」という感想が多かったです。私自身、すっかり忘れていた出来事やエピソードを思い出し、倉庫の奥に眠っていた大量の写真を発見することもできました。

時間旅行を繰り返して感じるのは「感謝」です。まず、父への感謝。父の享年を越えてから父の偉大さに気付きました。そして、母への感謝。晩年は口うるさく、煩わしく感じていた母でしたが、もっといたわってあげればよかった、という後悔の念がよぎります。今年の「母の日」は、今更ながらですが、墓前にカーネーションを供えました。

そして、姉と弟への感謝。姉にはある時期、お寺を手伝ってもらいました。弟には今でも私が留守にする時などは、お寺を守ってもらいます。たまに食事に誘おうかなと思うのですが、子どもの頃のように3人で出掛けると、私がわがままを言い、姉が怒り、弟は戸惑い、私はへそを曲げて1人で帰ってしまう…。そんな光景が浮かび、二の足を踏んでしまいます。

今はただ感謝、感謝

もう1人。紙面では紹介できませんでしたが、私の学生時代の写真を探す過程で、中・高・大を通じた友人の石渡明彦君に大変お世話になりました。ありがとう。そして、有限会社橘の土屋光廣社長をはじめ、従業員のみんな、ありがとう。君たちのおかげで、私は楽しく暮らせています。

昨年の初夏の夕方。緊急事態宣言下の横浜を、クルマで流したことがありました。誰もいない中華街、明け方のように静かな山下公園、停止したみなとみらいの観覧車。私が青春時代に遊んだ関内や福富町は、日が暮れてもネオンが輝くこともなく、真っ暗なまま。こんな横浜は見たことがありません。この街で働くなじみの人の顔が、次々に脳裏に浮かびます。みんな、歯を食いしばって頑張っている。胸が熱くなりました。

横浜が未曽有の危機に陥っている時に、横浜生まれの僧侶であり、横浜商工会議所議員である私が「わが人生」を連載させていただいたことも、何かのご縁。少しでも心が和むお話を、と心掛けてまいりました。

現在も厳しい状況が続いています。とりわけ、お酒を提供されている飲食店は、大変なご苦労をされていることと存じます。土屋社長も、通夜・葬儀のお客さまに提供するビールなど賞味期限が切れた飲み物を数十ケース廃棄したと嘆いていました。

一日も早く、この危機が終息することを祈るばかりです。よみがえる横浜、よみがえる世界を、私は信じています。

番外編

ここからは「わが人生」番外編です。
新聞連載では書けなかったことなどを
中心に書き進めようと思います。

酒とたばこ

まずは「酒とたばこ」。今でこそ、飲酒と喫煙を常とする人はダメ人間のように言われますが、昭和19年に生まれた私の幼少・青春時代は、酒が強いとか、たばこをくゆらせるのは、むしろカッコいいイメージでした。銀幕の中でハンフリー・ボガートや石原裕次郎がたばこを吸う姿にあこがれたものです。たばこの煙を意味する「紫煙」なんて粋な言葉がありましたっけ。

私は大学に入った頃から親に隠れてたばこを吸い始め、たばこをやめる直前は1日に2箱ほど吸っていました。50代でやめたのは、吸える場所が徐々に少なくなり、副流煙など健康被害が取りざたされ、ある日、何となくやめました。

必死になってやめたという記憶はなく、いつの間にか本数が減り、自然にやめていたという感じです。本当は、たばこが好きではなかったのかもしれません。

一方、お酒ですが、これはどうしてもやめられません。今の年齢になると、医師にも周囲にも飲酒を注意されますし、実際、お酒が随分弱くなりました。すぐ顔に出るし、ふらふらになる。それでも、お酒が大好きです。「好きこそものの上手なれ」と言いますが、若い頃は「山ちゃん、お強いのね」なんて言われたら、得意になって飲んでいました。思い起こせば、汗顔の至りです。

実は、僧侶という職業にはお酒が付きまといます。さすがに御宝前（本堂の祭壇）に座って酒を飲みたいとは思いませんが、本堂には常にお供えのお酒が上がっています。法事で檀家様の家に伺えば、読経後に「さーさ、ご住職、ご献杯を」となります。故人をしのんで、ご遺族とお話をしていると「ご住職、故人もさぞかしお喜びでしょう」と、もう一杯。その後、お清めの席でご一族とお話をすることになれば、懐かしい顔ぶれに接して、ご一族の弥栄《いやさか》を喜び「まーまー、もう一杯」と夜は更けていきます。飲んで喜ばれるお酒はやめられません。

古くからの友人と飲む酒も格別です。思い出話に時を忘れ、酒量は増えてしまいますが、これも、いいお酒。橘の土屋君や後輩たちと飲む酒は、またうまい。ただこの場合、調子づいて飲むと怒られるので要注意。私はみんなと飲む楽しいお酒が大好きです。

自宅に招いた仲間たちと
楽しいお酒

憂さを晴らすためのお酒は、いけません。酒に飲まれて思考停止に陥り、憂さの原因である問題の解決を先送りするだけで、良いことは何一つない。

先日、急にうまいそばが食べたくなって、土屋君夫婦とそば屋さんに行きました。私が「まずビールね」と注文すると、お店の方が申し訳なさそうに「すみません、コロナの『まん延防止』で、お酒が出せなくて…」。あまり外出しなくなっていた私にとって、初めての「コロナショック」でした。「じゃあ、ノンアルビールを」と土屋君。普段から私の健康をおもんばかって、飲酒をたしなめる彼の「したり顔」を私は忘れません。

食べること

私は1人暮らしが長い〝独身のプロ〟ですから、夕食は自炊をします。とはいえ、橘の土屋君が外に出かけるとお弁当を買ってきてくれたり、土屋夫人が仕事が休みの日には手作りの夕食を届けてくれたり、一緒にいただいたりしますから、自炊は週2~3回でしょうか。

買い物は朝、橘の秋山房子さんにメモを渡して、夕方までに買ってきてもらいます。現代では社員に私用を頼むのはご法度なのでしょうが、雨の日も風の日も、快く大量の買い物を引き受けてくれる彼女にはいつも感謝しています。おかげで、私の特大の冷蔵庫には野菜や肉、魚などの食材や調味料がぎっしり詰まっています。

私の子ども時代は、終戦直後の食糧難でした。私は比較的裕福な家庭に育ちましたが、やはり今と比べると、かなり粗末な食事で育ちました。ですから、身近に食べ物がないと不安になる。つい「あれも買ってきて」「これも買ってきて」と頼んでしまい、食料のストックが必要以上に多くなってしまうんです。

私の誕生会はいつもにぎやか
＝2017年７月、妙蓮寺内「橘」で

では、それらの食材で何を作るのかというと、これがワンパターン。すき焼き、カレー、焼き肉、焼きそば…。70歳を過ぎて、まだ子ども時代の好物ばかり食べているのは、恥ずかしい限りです。しかし、回りの同輩を見ていると、そういった脂っこいものをいまだに食べたくなる私は、幸せなのかもしれません。

一方で、子どもの頃に母が作ってくれた、おから、芋の煮っころがし、炊き込みごはん、みそ汁などが懐かしく、よく作ります。いつまでたっても母の味には届きませんが。

「食べること」は、とても重要だと思います。さすがの〝山ちゃま〟も寄る年波には勝てず、少々食が細くなってきましたが、年を取るにつれて「食べること」の大切さを身に染みて感じます。「食育」なんていう言葉が使われるようになって久しいですが、先日テレビ報道で、他人とコミュニケーションがうまく取れない女子学生が、トイレの個室で食事をしているという話に接して心が痛みました。

彼女にとって、それが最も楽なのであれば、それでいいとも思います。むしろ、そういう若者や子どもたちが、ストレスを感じずに1人で食事ができる環境をつくってあげるべきだと思います。価値観や生き方が多様化した社会では、人それぞれに気持ちのバランスの取り方があってしかるべきでしょう。

私は、みんなで食事をする時間が大好きです。お行儀は悪いですが、いろいろなくだらない話をしながら食事を楽しむ。このコロナ禍で医学博士にでも聞かれたら怒られそうですが、幸い、お寺は部屋も広いし、換気も良い。日本建築は、ソーシャルディスタンスに関して優れています。

大勢での食事は1人で食べるより何倍もおいしいし、量だって普段より食べられる。脳を使って会話し、あごを使ってそしゃくし、五感を使って「食べること」を楽しむ。年配者には、貴重な刺激です。家族の少ない私が、そういう日々を過ごせるのは、とても幸せなことです。

不思議な話

お寺が駅前にあるからでしょうか。妙蓮寺には、いろいろな方がお見えになります。お墓参りに来られた檀家様、御朱印をお求めの方、毎日お参りに来られるご近所の方。本当にありがたいことです。しかし、時には、とても不思議な人がやって来ます。今回は、そのお1人について。もちろん、実話です。

25年くらい前。冬の夕方、あたりが暗くなる時分のことです。1人の老婦人が、橘の事務所に無断でズカズカと入ってきました。年齢は70代くらいでしょうか。白髪は整えられていて、きちんとした明るいグレーのツイードのスカートとジャケットのスーツを着て腕に紙袋とハンドバッグ。どちらかと言うと、身なりの良いご婦人でした。

当時も今と同じように、私と橘の土屋君、秋山さんが事務所にいたのですが、彼女は勝手に接客カウンターの端を抜けて一番奥にある私のデスクに向かって来ます。その振る舞いがあまりにも自然なので、みんなあっけにとられていました。彼女は私の目の前にやって来て開口一番、「車を買ってください」。

しばらくして、われに返った土屋君が大声で「すいません、車のセールスでしたら間に合っていますので、お引き取りください」と言うと、彼女は満面に笑みを浮かべて私に言うのです。「何を言ってるんですか？　違います。神様のお告げです。私に車を買いなさい」。背中にサーッと冷たいものが走りました。頭の中は？？？　やっとの思いで「私が？　どうして？」と尋ねると「私の父とあなたの父上は、関ケ原の合戦でご一緒した仲間です」と親しげにおっしゃる。

「車と関ケ原？　何それ？」と頭の中は大混乱。彼女は「セドリックのバンを買いなさい」

〝関ヶ原の戦いと外車〟に当惑した頃の私は
毎日事務所に座っていました

と言うと、持っていた紙袋から、かなり使い古したカタログを出して机に置きました。型落ちの日産セドリックのステーションワゴン、4ナンバーの商用バンのカタログでした。父親同士が前世、関ケ原の合戦で戦い、無念にも命を落とした。私とご婦人はそのご縁で結ばれており、父同士の約束に従って、私はご婦人のためにセドリックの白いバンを買わなければならないということらしい。

謎満載、理解不能。「バンの白色を買いなさい」「神様のお告げです」「私は神に導かれて来ました」。ふざけている感じではなく、むしろ切羽詰まった様子で必死です。当惑した私が「まず、お名前とご住所を教えてください」と言うと、素直にフルネームと住所を言いました。

きっと、認知症か何かで体調がすぐれない方なんだろうと思い、むげにもできず、なんとなく「その車は、いくらくらいするんですか？」と尋ねると、ご婦人はやおら紙袋から電卓を取り出して「車両価格150万円、消費税が3%、重量税が…」と手持ちの用紙に細かな計算を記入していきます。

およそ15分後。彼女は2人の警察官に手を引かれ、満面の笑みのまま帰っていきました。結局何だったのか、今でも分かりません。だから、不思議な話です。

庭と里山

妙蓮寺は都会の住宅街にありながら、緑が多いお寺です。特に6月初旬を過ぎると、さまざまな若葉が芽吹き、境内は鮮やかな緑に覆われます。私は、この季節が大好きです。境内のいろいろな場所に立ち、３６０度見回して、緑を楽しみながら、木々のバランスを見て、庭師と庭造りの相談をします。時には、外の電柱やテレビのアンテナが見えないように、目隠しのために植樹することもあれば、うっそうとし過ぎた個所を剪定《せんてい》したり、竹林が「竹やぶ」にならないように間引いたりします。

うちは「妙蓮寺斎場」を運営しており、駐車場のスペースも重要ですから、京都のお寺のように立派な日本庭園を造るわけにはいきません。それでも、限られた範囲でご参拝の方々に楽しんでいただけるよう庭造りをしています。

うちの庭のメンテナンスは、有限会社庭美禅《にわびぜん》さん（横浜市都筑区）にお願いしています。親方は中川稔さん（74）。そして、弟子で中川さんの義理の息子の山田亨君（42）。中川さんは美術系大学を卒業した後、造園の道を志した、当時としては異色の庭師さんで、自然石の石積みにかけては地方から見学者が来るほどの腕前です。山田君はインポート系のアパレル会社からの転職で、中川さんの娘さんとのご結婚を機に庭師になりました。親方の元で腕を磨き、今では立派な職人です。なぜか、うちには変わり種が多く集まってきますが、彼らのセンスと汗のお陰で、一年中素晴らしいお庭を皆さまにご覧いただけております。

　私の理想とする本堂周辺の庭は、きらびやかなものではなく、のどかな武蔵野の里山のイメージです。近年、住宅地の拡張で里山が侵食され、イノシシやサル、時にはクマまでも住宅街に出没するニュースを頻繁に見聞きするようになりました。人間に害を与えてしまう森の動物たちは、結果的に駆除の対象になってしまいます。かわいそうですが、やむを得ないことで、とても不幸な出来事です。

　森と里の緩衝地帯だった里山は、元々、人々が自然と調和し、暮らしやすいように生み出した〝人工の庭園〟です。私は日本人がはぐくんできた美しく、懐かしい里山を本堂周辺に再現したいと思っています。

庭美禅のお２人と＝2021年９月

とはいえ、これが、なかなか難しい。山の木を持ってきても根が上手に付いてくれず、枯れてしまったり、逆に大きくなり過ぎて、枯れ葉の掃除が大変だったり。以前、自慢の巨大な松の木が台風で折れて本堂を直撃し、甚大な損害を受けたことがありました。

そして里山の維持には、何よりお金がかかる。自然を再現すればするほどお金がかかるとは、これいかに？　禅問答のようですが、自然は高価です。それをブルドーザー一発で破壊し、整地し、建売住宅にしてしまう――。人間とは愚かなものです。

至福の時

住職は、読んで字のごとく「そこに住む」のが職業。私は誕生以来、ずっとこの場所、横浜市港北区菊名2丁目に住んでいます。公舎に住む市長のような公人は別にして、私人でこれほど「家バレ」している人は、そういないのではないでしょうか。

子どもの頃から、どんな場所で迷子になっても「妙蓮寺」と言えば家に送り届けられました。昔は年賀状もざっくり「港北区妙蓮寺山本玄征」で届きました。想像してください。異性に自己紹介した瞬間、家までバレてしまうんです。寺の近所の人に聞けば、どんな子かもバレバレ。少しはカッコつけたいし、運動神経が悪くても、「運動得意」って言いたいし。だから、思春期はつらかった。「良い子」でいないといけない。道を外れちゃいけない。女の子にふられるなんて、もってのほか。

なので、転校生にすごく憧れました。新しい土地に行けば、新しい自分にリセットできる気がしたのです。共働きの家の子にも、憧れました。両親がいない家で1人で過ごすなんて、なんだか自立したような、少し大人な感じがしました。

車好きな仲間と富士スピードウエイ走行会で（前列中央が私）＝2019年６月

何せ、わが家にはいつもたくさんの人がいます。父、母、きょうだい、信者さん。庭師さんや大工さんも、しょっちゅう出入りします。お手伝いさんがいた時期もありました。そして、私はみんなに世話を焼かれる。それなりに家も大きいので、自分の部屋もありました。客観的に見れば、恵まれている環境なのでしょうが、やっぱり自由が欲しかったし、いちいち干渉されるのが嫌だった。

そんな私を救ってくれたのは、バイクや自動車です。「ものすごく」救われました。バイクや自動車がある家はかなり裕福だった時代で、金持ちのボンボンの道楽と言われるとそれまでですが、バイクは味わったことのない自由を与えてくれました。不良ではなかったので、いわゆる暴走族の〝ハシリ〟ではありませんでした。

自分の住む狭い社会を離れ、誰にも「妙蓮寺の跡取り」とバレずに思いのまま走れるのが、楽しくて仕方ありませんでした。それが自動車になると、もう一国一城のあるじの気分です。雨の日だって風の日だって、どこだって行ける。自分のことを誰も知らない街まで行けるのです。

それから50年たった今でも、思いは変わりません。トヨタコロナに始まり、国産、外車、いろいろな車に乗らせていただきました。でも、車は値段じゃありません。私は飛ばし屋じゃないので、スピードを出しません。その車をどれだけ愛せるかが「車好き」の尺度だと思います。振り返れば、免許を取得して初めて買った車が一番うれしかった。うれしすぎて、説明書を読みながら車の中で何日も泊まり込み、ピカピカに洗車して、それはそれは大切にしたものです。

今も時々、車で遠出します。南は宮崎、北は青森。プラッと出て、一人で高速を走っているのが何とも気持ちがいい。ふと降りた町で宿を取り、知らない街で酒を飲んでまた翌朝先に進む—。至福の時間です。気まますぎて、橘のみんなには怒られますが。

幸せって？

私の年齢になると、何かというと、昔と比べてしまいます。やっぱり、インターネットが普及して世の中は変わりましたね。

昔は知らないでよいことは、知らないで済みました。例えば隣の家のお父さんの給料。知っているのは「〇〇っていう会社の係長さんらしい」くらい。一部上場も中小も関係なく、「会社員」「サラリーマン」というだけで連帯感がありました。自営の人もそう。職種の違いはあっても、そこは商売人。みんなで力を合わせて商店街の活性化に尽力したものです。

昔は「会社四季報」で一部大企業が公示している以外は「人様の給与」を知るすべがなかったし、さして気になりませんでした。それが、今ではパソコンの検索窓に「株式会社〇〇給与」と入れれば、たちまちその会社の平均給与などが分かってしまいます。すると

友達の國司利行さん（左）と楽しいひと時
＝2016年６月

「お隣さん、有名企業だから給料良いだろうとは思ってたけど、こんなにもらってたのね」「向かいの奥さん、今度家を建て替えるって言ってたけど、あのお給料で大丈夫なのかしら？」と、始まります。情報を得ることで、みんな仲良く過ごしていたコミュニティーがギクシャクしてきます。同じ町内に住み、同じ車に乗り、子どもたちを地元の同じ学校に通わせていたのに、いつの間にか〝仲間割れ〟が起きてしまいます。春闘に縁がない中小企業で働く人や自営業者は大手企業の給与を知って「こんなにもらってるのに、まだ不満なの？」と驚き、興ざめしてしまうでしょう。

２０１５年にノーベル経済学賞を受賞された経済学者のアンガス・ディートン教授は、年収が７・５万ドル（約８００万円）が金銭で感じる幸福度の限界点としています。その記事を雑誌で読んだ時、すごく腑《ふ》に落ちました。お金で満足できることには限界があります。お金で愛は買えないし、お金で幸せにもなれない。お金をめぐって家庭内でトラブルが起こったり、離婚したり、どんなにお金があっても幸せでない人を私はたくさん知っています。

とはいえ、安心して暮らせる最低限のお金がないと愛をはぐくむことは難しいし、幸せにもなれないのも確かです。お金がなくても、彼女とただ街をぶらつくだけで幸せだったあの頃。友達と狭いアパートに集まって安いウイスキーを飲みながら将来を語り合ったあの頃。今思えば一番楽しくて幸せだった気がします。

そういう平凡で、ありきたりの時間が、実はとても貴重だったのだと、コロナ禍は教えてくれました。居酒屋での飲み会、友達とのおしゃべり、初詣、お盆の帰省といった当たり前の風景が、当たり前ではなくなりました。幸せの様相も変わるでしょう。坊主が偉そうにと言われそうですが、「今」を大切に生きること──そこに行き着くような気がします。

旅

ご趣味は？　と聞かれると「旅行です」と答えることにしていますが、実は私の旅行経験はかなりお粗末なもの。だから「どちらへ？」と続くと困ってしまう。

住職という仕事は、なかなか家を空けることができません。実際、突然の葬儀のためにハワイから急きょ帰ってきたことがあるし、旅先のホテルでファクスを借りて戒名をやり取りしたこともあります。毎日、本堂の開け閉めがあるし、来客も多い。そんな状況ですから長期のバカンスには縁遠く、せいぜい3泊くらいが限界でしょうか。

というわけで、行くのはもっぱら国内。海外だと、アジア、遠くてシンガポール、ハワイくらいまで。以前お話しした米国旅行は私の中ではただ1度の特別な旅でした。ですから「どちらへ?」と言われた時の言い訳が長くなってしまう。汗をかきながらさんざん言い訳した挙げ句、近場の国々を申し訳なさそうに伝えます。

最近は年を取り、海外はもっぱら橘の土屋君夫婦と3人で出掛けることが多いのですが、以前はプラッと短い旅に出ることがありました。私のいでたちは、つっかけに普段着。携帯電話と財布とパスポートだけポケットに突っ込み、手ぶらで空港に行きます。まず、売店でビールとつまみを買います。手荷物は、それを入れたレジ袋一つ。入国・出国ともに荷物検査で引っ掛かります。「お荷物は?」「これだけです」「本当に?」「ハイ」とこんな感じ。ちなみに、昔は入国審査でよく止められました。どうやら「ジャパニーズヤクザには坊主頭が多い」というイメージがあったようです。

職業欄には「会社役員」と書きます。坊さんが遊んでいるのはよろしくないような気がしてそう書くのですが、坊主頭が災いしてか、屈強そうな警備員に「ちょっとこちらへ」と別室に連れて行かれ、荷物検査と身体検査。緊張している上に英語が苦手な私の返答は

台湾の地下鉄で。旅行先でも〝乗り鉄〟です
＝2010年12月

滞在先のホテル名と「サイトシーイング（観光）」だけ。ところが、取り調べは割に雑で、意外に早く解放されます。

私は街を歩くのが好きです。海外でも、観光地にはめったに行きません。目的は街のマーケットだったり、ホームセンターだったり、とにかくそこで暮らしている人の息遣いが感じられる所に惹《ひ》かれます。まずタクシーで市街地に行って、下着と着替えのシャツを購入、コンビニで地ビールを買ってホテルにチェックイン。部屋はゴージャスじゃなくていい。安全で清潔な街中の小さなホテルが一

番です。そして、やおら街に出て、地元の人が行くダイナーやバルで食事をします。次の日は、街で一番大きいデパートやショッピングモールへ行くのが決まり。人があふれる雑踏を歩いているとワクワクします。夜は酒場に繰り出します。どこでもそんな調子ですから、シンガポールに行っても有名なマーライオンは見ていませんし、ソウルでも景福宮には行っていません。

旅は私を解放し、自由にしてくれる。だから、旅が大好きです。

まさかの闘病

新聞連載も終わり、のんびり過ごしていた7月のある日。かかりつけの病院から電話がかかってきました。電話口の向こうの男性は、淡々と用件を伝えます。「以前行った検査の結果、気になる所見が見つかりましたので至急病院に来てください」。先方の声が、遠くで他人事のように聞こえました。「とうとう来たか」と頭の中が真っ白になりました。

独り身の私、周りのサポートで、そこそこ人間的な生活を送れてはいますが、77歳にして不摂生な毎日。食生活はといえば、いまだに脂っこいものとお酒が大好き。今まで手術はおろか、入院の経験もないこと自体、仏道に精進してきたたまものか、お釈迦様のご加護かと、おっかなびっくり生きてまいりました。

そこに運命の電話。まさに「わが人生」もここまでか、と連載終了直後で記憶も鮮明な幼少期からの思い出が走馬灯のようによみがえります。フワフワした気持ちを引き締め、土屋社長と秋山さんがいる事務所に行き、何でもないような感じで「検査でちょっと出ちゃったから、病院行ってくるわ」と告げました。想像通りの心配そうな秋山さんの驚いた顔、今まで一度も病院に送ってくれたことがない土屋君が「心配だから一緒に行く」と言い出し私の不安をあおります。おいおい、そんなに親切にされたら余計怖くなるだろ…。

意を決して病院へ＝2021年８月

通院の車中、首都高を走りながら話をしているうちに徐々に冷静さを取り戻しました。「あんなにしょっちゅう検査してるんだから、どんな病気であっても、ごくごく初期ですよ。すぐに治りますって」という土屋君の言葉に、そうだ！　検査し過ぎと人に笑われるほど定期的にしてるんだから、異常が見つかったとしても、かなり初期のものに違いないという自信が湧いてきます。土屋君はひょうひょうと「大丈夫ですよ、治せばいいんだから。人はそう簡単に死にませんよ」と笑っています。とはいえ、今回ばかりは病魔に倒れた旧友の顔ばかりが目に浮かびます。「うそつけ。結構死んでるぞ」。さまざまな思いで心は千々に乱れます。

病院到着、心拍数が上がります。診察室に呼ばれると、目の前に検査の映像。先生が指さした個所には、私にも分かる小さな点のようなものが。先生は「これからもう一度ＰＥＴなどいくつか検査をしますが、ほぼ間違いなくごくごく初期の腫瘍です。念のため取っちゃいましょう」と、おできを取るかのごときカジュアルな宣告。この先生の言い方！　良かった、やはり初期だった、手術で切除できるんだ！　命には関わらないという安堵感に包まれます。しかし、その後、生まれて初めての手術に対する不安やいろいろな感情が渦巻き、緊張とで一気に悪い汗が吹き出しました。夢を見ているようなフワーッとした感じのまま、腫瘍の広がりや転移などを調べるＰＥＴ検査をやって結果は次週となりました。

会計を済ませ、車に乗ってやっと少し落ち着きます。土屋君は「どうでした？」と心配そうに聞いてきます。「手術だってよ」と努めて冷静かつ重厚に答え、今日の診察の内容をざっと伝えると「良かったですねー、ちゃっちゃと取っちゃいましょう！　住職、手術って言われた時、めっちゃビビったでしょ。いつにない汗臭さですよ。悪い汗いっぱいかいちゃいましたね」とケラケラ笑っています。

小雨混じりの空にも関わらず、ちょっとだけ窓を開ける土屋君。神経質な私は何度も彼の大らかさに救われてきましたが、その時はちょっとだけイラっとしました。

土屋君が感染

検査してからの１週間はなんとも、地に足が着かない毎日で、昼夜を問わず酒を飲んでいました。スタッフも「仕方がない」と思っていたのでしょう。

検査から帰った日の夕方、土屋君が誘ってくれました。「どうせ眠れないでしょう？　コロナ禍でずっと休業中だった行きつけのバーを開けてもらったから飲みに行きましょう」。当時、「まん延防止等重点措置」の期間中で酒類の提供は20時まで。コロナ禍でしばらく外出していなかったので、思いがけず楽しい時間を過ごしました。次の日もお寺主催のピラティス（西洋のヨガといわれるエクササイズ）教室に連れ出され、という具合に、

土屋君が手作りした段ボール製の〝自宅隔離テーブル〟＝2021年８月

土屋君や周りの仲間が、何となく私を1人にしないように気遣ってくれる優しさが胸に染みました。

自堕落な1週間が過ぎると、日差しは夏本番。絵はがきみたいに澄み切った青空のもと、土屋君と病院に検査結果を聞きに行きました。この1週間で心は落ち着き、闘病の決心も付きました。人の心は勝手なものです。今まで恨めしかったコロナ禍で海にも旅にも行けないことが、その時の私には慰めになりました。青空を背景に都心にそびえ立つ病院はとても近代的で、かつての病院の湿っぽいイメージは少しもありません。ここでしばらく過ごすのか、と思うと気が引き締まるとともに、ちょっとホッとした気持ちになりました。土屋君と2人で、呼吸器外科部長から話を伺います。

ＰＥＴ検査の結果、腫瘍の転移はなかったこと。ごくごく初期の腫瘍なので、腹腔鏡手術で可能なこと。これはおなかに3カ所の穴を開け、特殊な機器で病巣を切除する方法で体へのダメージが少なく、術後の回復が早いということ。入院は術前3日、術後7日ほどだが、肝臓の数値と血糖値が高いため、年齢を考慮すると少々退院が延びる場合もあるという説明を受けました。その後、担当医を紹介され、日程の調整と入院・手術の手続き。7月最終週の入院を決めました。

具体的な手術の内容と日程が決まると、逆に心のざわつきは鎮まり、徐々に前向きな気持ちになっていきました。帰りに土屋君と中華料理店へ。それまで食欲がなかったのがそのように、中華そばとマーボー飯のランチセットがビールとともに体中に染みわたります。「お、俺、もう決心付いたぞ！　大丈夫だな」と確信しました。

しかし、物事はそうそううまくは運びません。心を整え、入院を数日後に控えた日にトラブルが起きました。土屋君の友人がＰＣＲ検査で陽性と判定されたので、土屋君も念のためにＰＣＲ検査をしたところ、何と陽性。コロナに感染したというのです。土屋君の職場に出入りする従業員と僕と秋山さんもＰＣＲ検査をしましたが、幸い陰性でした。土屋君が僕の手術前にと早めの夏休みに入り、その後4連休を取ったことが、感染拡大を防ぐ上で良かったようです。

予定通り、入院当日、社員の運転する車で弟の進二と病院へ。身元引受人の土屋君がコロナに感染したこと、保健所の判断で私は濃厚接触者ではなかった旨を伝えると、嫌な予感は的中してしまいました。入院も手術も延期、今日はこのまま帰ってくださいと言われたのです。僕なりの決心は音を立てて崩れ、しょんぼりお寺に帰りました。

手術は終わった

土屋君は幸運にも比較的軽症で、2週間の自宅療養を経て8月9日、仕事に復帰しました。とはいえ、完全復調とは言えず、そばで見ていても苦しそうで微熱も残っているとのことでした。土屋君の友人は重症で生死の境をさまよい、何とか回復したが、その時点ではまだ入院中でした。

それでも、2人は幸運な方でした。まだ、医療施設がひっ迫する前で、自宅には支援物資がスムーズに届き、保健所のケアも手厚かったようで、友人の入院もスムーズに運び、治療してもらえたそうです。

しかし、その直後の8月上旬、デルタ株が大量発生し、コロナ感染者が爆発的に増えました。この原稿を書いている8月末現在、入院施設が足りなくなり、不幸にも自宅で亡くなる方が一気に増加しました。先進国日本で、1年前から対策を講じる必要を承知していながら、有効な対策を打たず、助かるはずの命の灯が次々に消えてゆく状況に胸が締め付けられます。ニュースを見聞きするたびに、政府に対して激しい憤りを感じました。

私は結局、予定より2週間ほど遅れて8月13日、入院することができました。手術前は特にすることもなく、終日ベッドでダラダラ。病院の個室は思ったより広く清潔で、トイレとシャワー室が付いていました。何か心境の変化があるかと想像していましたが、それもなく、窓の外の盛夏をはた目に、ただただ暇を持て余してテレビばかり見ていました。

従業員と自宅で快気祝い
＝2021年９月

人間は適当なものです。病気を告げられた時は人生が〝詰んだ〟気持ちで失望し、少し時間がたつと状況を受け入れようとし、今度は手術の恐怖や入院の孤独と不安に心を費やし、いざ入院したら、ひたすら退屈で退院してビールを飲むことだけを夢見る。良くも悪くも、人間は適応する生き物です。

コロナ禍だって同じ。ワクチンを接種した人でも感染の可能性があるのに、みんな普通に街を歩いている。1年半前、横浜に停泊したクルーズ船でクラスターが発生した頃は「世界の終わり」のように世界中が取り乱していたのに、これほど時間を費やしても、病床の確保さえままならないなんて…。政府だけじゃない。環境に慣れ、政府を動かせなかった私たちにも責任があると思います。

などと過ごしているうちに8月16日、手術当日。いざその時には私は麻酔で夢の中。目が覚めると、あっさり手術は終わっていました。腹部、胸部の不快感や身体につながれた管の煩わしさがあるくらいで、想像していた術後の痛みやつらさはほとんどありませんでした。医療技術の進歩に驚き、感謝するものの、そこからはまたまた退屈との闘い。看護師さんの献身的な治療と介護に頭が下がりました。頻繁に様子を見に来てくれ、声を掛けてくれる。取るに足りない会話に、心が和みました。

そして待ちに待った8月27日、無事退院。入院中、励ましのメールをくれた友人、着替えなどを届けてくれた弟の進二、土屋君に代わって病院に送迎してくれ、入退院の手続きや身の回りの世話をしてくれた従業員の田中君、毎朝電話で励ましてくれた秋山さん。大変お世話になりました。みんな、本当にありがとう！　やっぱり〝わが人生〟まだまだ続きます。

あとがき

令和2年の暮れ、神奈川新聞社から「わが人生」執筆のお話を頂いた時には、喜びの半面、すごく不安でした。私のこれまでの歩みが他の人にどのように映るだろうか。お寺のボンボンの夢物語に終わらないか。嘲笑の的にならないだろうか…。

私は人生のほぼすべてを「長光山妙蓮寺」の発展にささげてきました。と言えば体裁は良いのですが、大東亜戦争末期に生まれたものの、比較的大きいお寺の長男で、戦後の混乱期も「生きる」ことに苦労したり、危ない目に遭ったり、ひもじさを味わったことがありません。大切に育てられ、欲しいものを与えられ、時に親に反発し、と、いわゆる現代っ子のハシリのような幼少期を過ごしました。

その点で、他の同世代の方とは少々ギャップがあることは以前から気になっていました。人より早くバイクに乗り、誰よりも早く車を買い、おぼっちゃんとして青年期を育てられました。もし私に、食べるために焼け跡のがれきの中から鉄くずを集めて売ったり、山で薪《たきぎ》を拾ったりという苦労話があれば、ドラマチックでしょうが、あいにく、わが人生は読むに足るほどの面白みに欠けます。

でも、私のアイデンティティーの形成の上で、少年・青年期はとても大切だったのです。良くも悪くも、私は今でも現代っ子です。新しいものが大好き。面倒くさいことは大嫌い。センシティブで好奇心旺盛だけど、飽きっぽいところもある。その意味で、私は現代っ子的な発想で斎場経営を思い付き、軌道に乗せ、新しいお寺の在り方を模索してきたような気がします。

さまざまな規制や既得権と闘いながら、ベンチャービジネスを展開している若者たちを見ると、とてもうれしい。もちろん、奇をてらうことが革新ではありません。新しいものと古いものが、いかにつじつまを合わせて居心地の良いものにしていくか。それを追求していくことが「新しい何か」を生み出すのだと思います。

私は若い頃、24時間、斎場の受付電話を取り、毎日毎晩、斎場事務所に詰めて葬儀屋さんやお客さまと相対し、「新しいもの」の実現のために愚直に働きました。周りのお寺仲間や知人からは「そんなことをしなくたって、生活に困らないのに」と言われましたが、振り返れば、当時が一番楽しかった。住職の業務の傍ら、土屋君や秋山さんらスタッフに囲まれて、斎場を使ってくれたお客さまのご不幸に思いをはせ、料理業者や関連業者の皆さんと夢を語り合い、葬儀屋さんと酒を飲み、あっという間に30年。本当に、よく働きました。

その後、60歳を過ぎて知り合った横浜商工会議所や神奈川県警察官友の会の皆さまとの親交も楽しく、刺激的でした。そして現在は、世代を超えた仲間や友達に囲まれ、その子どもや孫がまるで自分のおじいちゃんのように私を慕ってくれます。結婚はしなかったけれど、決して孤独ではありません。わが人生、上々です。

「わが人生」執筆の過程で、多くの方々に助けられました。まず、神奈川新聞社の青木幸恵デスクに深謝。重箱の隅をほじくるような（失礼！）細かく、シビアな指摘と一字一句をおろそかにしない真摯《しんし》な姿勢にしびれました。また、新聞社と私をつないでくれたエリアドライブの福井二郎さんのおかげで、素敵な体験ができました。写真を提供していただいた港北小学校同級生の横山清和さん、親友の石渡明彦君、故村松克己君の奥様、日蓮宗神奈川県第一宗務所の安藤海潤所長、貴重な写真を探し出してくれた土屋光廣社長と秋山房子さん、田中大介君、たった一人の弟・進二、ありがとう！

最後になりましたが、コロナに苦しんでおられる皆さま、事業でご苦労されている方々に、心からお見舞い申し上げます。

著者略歴

山本　玄征（やまもと・げんせい）

1944年、横浜市生まれ。同市立港北小学校から立正大学付属中学･高校を経て、67年立正大学経済学部卒。在学中に僧籍取得。65年、幼名の征太から玄征と改名し、77年に父・山本玄英の後を継いで妙蓮寺４世住職となる。横浜商工会議所議員、神奈川県警察官友の会副会長。横浜市港北区菊名、76歳。

わが人生21　山ちゃまのわが人生上々なり

2021年11月30日　初版発行

著　　者　　山本　玄征

発　　行　　神奈川新聞社
〒231-8445 横浜市中区太田町2-23
電話 045(227)0850（出版メディア部）

ISBN978-4-87645-660-4　C0095

神奈川新聞社「わが人生」シリーズ

神奈川新聞社「わが人生」シリーズ

15 凛《りん》として　協働の記録 平塚から
前平塚市長　大藏　律子

16 宝積《ほうしゃく》　人に尽くして見返りを求めず
株式会社「つま正」社長　小山　正武

17 ぬくもり伝えて　「脱・進学校」山手の丘の実践
聖光学院中学校高等学校校長　工藤　誠一

18 きもののちから　髙島屋の呉服と歩んだ50年
染織五芸池田企画代表　池田　喜政

19 婆娑羅《ばさら》な人生に破顔一笑《はがんいっしょう》する
神奈川歯科大学理事長　鹿島　勇

20 町工場からグローバル企業へ　―苦難を乗り越えて―
株式会社ヨロズ（CEO）　志藤　昭彦

※肩書は出版当時のもの